寻找自己

每个人都可以是"奇迹"

潘肖珏 著

学林出版社

出 版 寄 语

与潘肖珏老师相识近 40 载，见证了她的心路历程。作为高校教授，她笔耕不辍，著书立说，驰骋在中国公关与品牌研究领域；作为知性女性，她命运多舛，虽数陷绝境，却都能触底反弹，谱写出智慧的生命赞歌。

有人说，潘肖珏老师是个"奇迹"，今天潘老师的这本书让我们看到：每个人都可以是"奇迹"，只要能真正找到"自己"，找到一个灵魂有觉知的自己。

汪 泓

中欧国际商学院院长、教授

与潘老师相识，源于其与疾病相搏的事迹；与潘老师相知，敬佩其"寻找自己"的勇气与智慧。疾病并不可怕，可怕的是人有意无意地用"疾病"困住了自己、迷失了自己，看不到"疾病"之外的时空和多种可能性。"潘肖珏现象"最可贵之处在于告诉大家，疾病只是人之生命中"逆行的贵人"，命运中所有坎坷都可能是自己的过去逐步造成的。破除对自己的执念，找到自己，接受自己，重塑自己，对人生尤为重要。相信潘老师新作《寻找自己——每个人都可以是"奇迹"》会帮助你获得自我突破的智慧，当你如潘老师般拥有在黑夜中漫游的勇气时，你的人生自然会精彩很多！

翁文磊

上海市妇联副主席、一级巡视员

我与潘老师在 20 世纪 90 年代初，一起编写《现代女性的自我包装》。而后，我俩继续着各自的领域。蓦然回首，潘老师已经著作"等腰"。读着这本《寻找自己——每个人都可以是"奇迹"》，我看到：潘老师的人生，虽然经历波折，但她生命的底色是明亮的。明亮的生命透着女人的智慧，透着女人的通达，透着飒飒的柔情，透着一位真实的"自己"。

徐家华

上海戏剧学院教授、博士生导师

潘肖珏老师患病多年，越活越年轻，创造了奇迹，挑战着极限。究其原因，我认为是"热爱"。她热爱生命，不甘放弃，牢牢地把命运掌握在自己手中；她热爱学习，孜孜不倦地学习中医药知识，学习营养学知识，学习心理学知识，在学习中得到治疗疾病的钥匙，开启健康快乐的生活；她热爱生活，热爱美丽。不论是写诗、作文，还是模特、旗袍，每一样都像模像样，活得潇洒，活得精彩。

热爱创造奇迹，祝愿潘肖珏老师继续在"做自己"的路上前进。

朱抗美

上海中医药大学教授

潘肖珏是上海家喻户晓的逆行者，批厄运逆鳞，逆厄运而行，连医生都佩服得赞叹："她是自己救自己！"

3次战胜死神，6次推出新著。当人们诧异她何以如此传奇时，我很想对她说，你既然决定逆风飞翔，就不要在乎燕雀怎么看你，因为你的速度、高度、力度、角度，仅你所有……

上海，因你自豪！

胡展奋
《新民周刊》主笔

寻找自己，对很多人，很多时候是一件颇难的事情。人作为有思维的高级动物，由于生活经历、阅历等不同，看问题的方式方法亦不同，正所谓"横看成岭侧成峰，远近高低各不同"。当清醒即理智时，就把丢了的自己，找了回来。读潘老师《寻找自己——每个人都可以是"奇迹"》一书，眼前一亮，在润物细无声中使灵魂得到浸润净化，时时寻找自己，做真人。

这本《寻找自己——每个人都可以是"奇迹"》，正如博尔赫斯所言，花开给自己看，却让许多眼睛找到了风景。

王仁杰
中国医药教育协会副会长

对生命的敬畏，对健康的渴望，对知识的追求，对患者的关爱，让曾经病痛缠身的潘老师迸发出无限的青春活力，她不断出书、开讲座、做交流，给朋友们提供战胜疾病的信心和各种方法。这本书是她最新的力作，寻找自己，认识自己，战胜自己，才能够获得最美好的人生！我读后感觉思想升华到一个新的境界，但愿您也会如此！

彭　坚

湖南中医药大学教授

我是在"西学中"侍诊恩师陆德铭教授时认识潘肖珏老师的。陆师言明"潘老师是特殊的病人"，且评价潘老师是"自己救自己"。她究竟是怎样的人物，带着这个疑问我追随潘老师的足迹 17 年，无论是食疗养生、粉玫瑰公益组织，还是著书立说、发表诗集、举办读书会活动等……越了解潘老师人生经历之坎坷，越敬佩潘老师生命绽放之精彩。

人们都仰望和渴望"奇迹"。在《寻找自己——每个人都可以是"奇迹"》中，潘老师展示了 3.0 版本的自己。读懂自己，才能读懂人生；认识自己，才能创造奇迹。

秦悦农

上海中医药大学附属龙华医院中西医结合乳腺科主任

与潘肖珏老师相识，已是她在刚刚经历乳腺手术之后的时日了，颜面枯槁萎黄，头发花白，语声低怯，让前来请教健康管理策划的我心中怜悯。曾处中药小方一首，也鉴言包括晚九睡早五起的生活节奏，唯愿君安。然，后续的时日里，上海粉玫瑰的建设、山东粉玫瑰的指导、自然医学研究所的推进、华瑰诊所的运营，以及《冰河起舞——绝境中把握生命之门》《女人可以不得病——我的康复之路》《我们该把自己交给谁？》《人天合一 自然养生——潘肖珏微表达》等著作的推出，一系列大事项的策划与实践，无不显示出潘老师勇敢直面生命、因病探道、知行合一的坚韧与睿智。

今日《寻找自己——每个人都可以是"奇迹"》大作的问世，相信会帮助更多的人，通过激发自己的自愈能力，做到理性防病治病和正确掌握养生的真谛。

殷晓轩

兖矿新里程总医院教授、医学博士

目
录

第一辑　迷途中的自己

不是每个人都有老年的

死神也有敌人

第三章 又遭遇带"死"的疾病

第四章 求医虽非旅游,却也要攻略的

第二辑　折返路上的自己

第五章 做自己的健康责任人

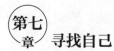 潘氏"药房"：自己的食谱

第三辑　遇见未知的自己

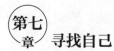 寻找自己

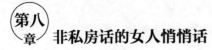

第八章 非私房话的女人悄悄话

第一辑

迷途中的自己

第一章

不是每个人都有老年的

我居然是这样发现乳腺癌的

2005 年 4 月初的一天晚上，一个貌似有"预谋"的晚上，我不慎从床上摔下来，居然摔成十级伤残的骨折：股骨颈骨折。

住院。手术：打钢钉内固定。绝对卧床 4 个月。

没想到，这次骨折住院让我终生难忘的竟然会是同病房 3 床的病友马永美。

马永美，江苏海门农民。她和我同龄，属虎。随着经济发展，土地被征了，她就带领丈夫、儿子、儿媳弃农投工，替人加工床上用品。

永美性格开朗，喜欢与人聊天。但 2 床的上海人却不怎么搭理她，甚至连护工小孙对她也是凶巴巴的。我生怕永美介意，就经常主动与她搭讪，朋友送来的水果也拿一些与她分享。永美比我早出院。她出院回江苏的那天，给我写了她的家庭地址和手机号码，邀我痊愈后去她海门的家住住，过过农家乐的生活。

14 天后，我出院了。我家住 18 楼，担架进不了电梯，120 救护车将我送到一家社区小医院养腿伤。我和永美都在各自的床上遵守医嘱，绝对卧床 120 天。

卧床 60 多天时，永美给我来电，说她躺在床上用手摸到左乳房有一个小小的肿块，很紧张，会是坏东西吗？我说，不要乱猜，好好养病。此后的两个星期里，竟然没有接到永美的电话。我有点担心，打电话到她家，却一直没有人接。我就纳闷了：她的腿是不能下地的，她去哪儿了？我紧张了。于是，我早中晚不停地打电话，终于打通了。她丈夫接的电话，说永美在医院，昨天刚开刀，手术很成功，是上海华山医院的一位医生来海门主刀的。

"怎么又动手术了，什么病？""乳腺癌。""啊?!"我惊叫。"医生说，还好，是早期，很小很小的，1厘米。我回来拿东西，马上就回医院。"她丈夫一口气将病情全部告知了。我的心在一阵一阵地撞击，永美啊，你人都还没坐起来，又挨一大刀。人不是砧板上的肉，哪能扛得住？

我，那夜无眠。

想想永美，又想想自己。我的这两只乳房也够折腾的：纤维瘤、小叶增生都光临过。不过，到了更年期，她好像安分多了。每年体检，乳房都健康。但眼下永美的事，提醒了我，还是不能高枕无忧。我躺在床上，开始自检，用手摸自己的两只乳房。当我的左手在右乳房的外侧碰到一个硬块时，我的心怦怦直跳。然后，我深呼吸，让自己安静一下，换右手去体会刚才的地方，心里想：但愿刚才是自己神经质。可事实上，却是千真万确地存在一个东西，还不小呢，好像有蚕豆那么大。

天哪，这是怎么回事？我招谁惹谁了？转而一想，什么惹不惹的，永美不也摊上了吗？凡事真的轮到自己，既来之，就不那么安之了。着什么急呢，这东西姓"良"、姓"恶"还没准呢！于是，我开始自语："你是谁？你什么时候来的？你是不是就是30年前的那位乳腺纤维瘤？如果不是，我怎么办？……"一连串的问号，反反复复地陪伴我度过漫长的黑夜。

第二天，我让妹妹请来了我们家的老朋友、外科专家——上海仁济医院终身教授、主任医师王平治。王医生70多岁了，还在临床一线，每周都上手术台，病人不少。我20多岁时两个乳房的纤维瘤都是她手术的。傍晚时分，王平治医生来到我病床边，她用手开始摸我的两个乳房。我感觉她在右边乳房的外侧摸到了那个硬块，她在仔细检查"它"的活动度，是否推得动？体会"它"的硬度与边缘是否规则？我知道这是外科医生用手触摸诊查乳腺疾病的三部曲。而后检查我的腋下，摸摸淋巴结的状况。我的眼珠一动不动地看着她的眼神，眼睛是人的五官中唯一不能掩饰思想的。几秒钟后，我发现她的眼神有点凝重，眉头稍稍一皱，对我说，抓紧手术吧。我问她，是不是癌？她说得很职业："开出来看吧。""能不能等到我股骨颈骨折痊愈后再手术？"她干脆地回答我："不行。"

我信任王平治医生，所以，我服从了她的决定。天又暗了，躺在床上的我又要挨一刀了?！难道真要让我和永美成为同患两种大病的"双料"病友？人间居然还真有这档子事？

120救护车将我这样一个骨折病人送到仁济医院外科病房。术前，王平治医生与我谈话，王医生问我，如果开出来是恶性的，你希望保乳吗？我一个劲地摇头："不要，不要！没有乳房，照样活；留下隐患，没得活！"然后，她告诉我手术的流程：先局部麻醉，在右乳房开个小口，取出肿块去病理室冰冻切片化验，几分钟后，若病理报告是良性的，即可回病房，整个手术时间一个多小时；如果是恶性的，那就要扩大手术范围，进行根治术和腋下淋巴清除术，大约到下午才能回病房。

术后，我在被推进病房时，醒了。开口的第一句话，居然是问："现在几点？"尽管我是迷迷糊糊的。旁边人回答：下午2点。我明白：糟了，得癌症了。而后，又昏睡过去了，麻醉药的作用吧……

"上帝之手" 让我梦觉

　　说真的，这个病让 55 岁的我起码提早 20 多年与"死亡"狭路相逢，根本无法避及。以前，读德国思想家海德格尔"人的存在是向死而生"这句话时，丝毫没有感触，觉得是一句很哲学的话。可此时此刻，我体会那句话的语义却是那样的具象，直刺我的肌肤。人，都希望自己年轻，希望自己能延缓步入老年的步伐，当下的我终于明白：不是每一个人都会有老年的。

> **Q&A**
>
> 　　秦　畅（上海人民广播电台首席主持人，全国"金话筒"获得者）：潘老师好，我在读完您的生命之作后，感慨万千。今天我们看到创造"奇迹"的潘老师，原来也和常人一样，在获悉"癌"来时，很快也想到那个"死"字。不过您很坦然，但更多的人想到"死"便惶惶不可终日，癌未大，心先死。虽然社会已普遍认同"生命教育"，认识到"死"不能回避，但与一位癌患者有无必要讨论"死亡"……
>
> 　　潘肖珏：没有必要。因为我们长期以来缺乏生命教

育，从小接受的只有人生观教育，而没有人死观教育。如何看待"死"？其实，死，是一种自然现象；死，也是生命的果实。而国人对这些生命教育是缺失的。另外，中国的传统文化又是很忌讳在别人生病时讨论死亡问题的，有人甚至连探望时送水果都不送苹果，避免"病故"的谐音出现。

有一晚，我做了个梦。

梦的开始是我和一群人站在一个很高很高的悬崖上，那个地方很恐怖，环境很糟糕，空气稀薄，所有的人都在大喘气，于是，纷纷在一个明示的出口处争先恐后地找逃路，但并非都有好的结果。

这一状况，让我决定重新寻找更好的出口。找啊，找啊，找到了！我努力着爬下去，慢慢地，慢慢地，一脚深一脚浅地，很艰难，但我咬紧牙，坚持着，最后我安然无恙地到达了地面。于是，我在下面指导着其他人也从这一出口下来……也许是太高兴了，梦突然醒了，醒来一身汗。我一看时间，凌晨4点多，窗外一片漆黑。这是黎明前的黑暗，但离东方白不远了。这个梦绝对是个好梦，冥冥之中预示着我生命的走向：我将走一条与众不同的有效的治疗之路。

如今我身患绝症，命运却让我绝处逢生，还让我遇到了一个好梦，这是"上帝之手"的施惠。也许会再有一个20年来证明，我对这个梦境的领悟是对的。

2005年7月，乳腺癌术后10天，遵医嘱，我的病情必须：强化疗＋强放疗。不然，人间蒸发，指日可待。

医学是严肃的，不容我与之讨论。

而我是一个被多种基础性疾病缠身的人，能不能承受如此的休克疗法？

我陷入了深深的纠结。

日有所思，夜有所梦。

我的生命我做主。我决定另辟蹊径，放弃放化疗，开启自己制定的"改变土壤"的自然医学康复模式：食疗＋运动＋细胞自愈疗法（包括经络疗法）＋情绪梳理疗法。坚持了数十年，终于涅槃。

我选择遵循梦的指引，是因为我的潜意识与之同频。

此梦，终生难忘！

一个没有乳房的女人是女人吗？

意外又来了！

出院前对左边乳房的钼靶检查：有问题！

片子评估 4 级。5 级就是癌症。那我就是癌与非癌之间。怎么办？要不要立即手术？我电话咨询了三位医生：我的手术医生王平治教授、上海中医乳腺癌治疗泰斗级专家陆德铭教授、上海浦东新区人民医院前院长肿瘤专家胡建钢教授。三位专家一致表示：立即手术。

还要再挨一刀啊?！我即刻感到：天，塌啦!！我心里的最后一根防线断了……崩溃了……我关掉手机，拔掉了病床边电话机的插头，不想见任何人，并对我的护工说，我这里没你的事…… 为什么不给我时间？为什么不给我时间?！我问天？我问地？我问谁？——谁能解答我。我可以承受灾难，但不能过没有希望的日子。我快憋死了！

这时，病房门突然开了，来了一个人，这个人的出现，居然让我顿悟，他就是刚刚出生 5 个月的圆圆——我的孙子。原来，儿子、儿媳突然联系不上我，特着急，就抱着孙子来医院看我了。为避免碰到右边乳房的伤口，我坐在床上，把孙子抱在左边。那可爱的双眸一直没有离开我的视线，小嘴一撇，微微一动，而后将小脑袋轻轻地偎在我的左乳上，静静地一动不动。旁边人说，圆圆跟阿娘真亲。此时，我感到：圆圆那纯阳之体的温度正在一层层地融化我的无望，从左乳开始渗透，到心脏、到大脑、到脸上、到四肢，我笑了，我感恩地轻吻圆圆那带有乳香的额头……

孙子让我捡回了平静的心态，我再次被送入外科病房。那天术后，我又体验了一次不一般。

手术后，我醒了。好像睡了很沉很沉的一觉，浑身感觉怎么也动弹不得，似乎很累很累。我下意识地自问这是在哪里，但很快又睡过去了。我又醒了。我将脸稍稍往左边侧了点，朦朦胧胧地看见：这是一间很大的房间，一排一排的手推车上躺着一个一个笔直的人，他们身上都盖着白被单，一动都不动。"这里是太平间?! 怎么全部是死人?"紧接着我有了意识。"我还活着，你们送错地方了! 我是活人!"我想喊，但很快，又睡过去了。再次醒来，我努力地在唤醒自己的意识。我将脸稍稍往右边侧了点，清晰地看见房间右面墙上的那只钟，它告诉我现在是 10 点 50 分。我终于明白了，我刚刚做完第二次乳房手术。

"10 点 50 分?"太好了! 这个时间告诉我，我的左侧乳房肿瘤肯定是良性的! 因为我右侧乳腺癌的手术时间是 5 个多小时，到下午 2 点才苏醒的。能有这样的逻辑推理，说明我已经比刚才清醒多了。

"这是什么地方? 我为什么会在这里? 这里有没有医生、护士?"我看见有一位穿白大褂的正往我这边走来，也许她看见了我的脸在动。"林医生。"我认出来了，她就是我两个月前右乳手术时的麻醉师。

"你怎么又来了?"她也认出我了。"我左乳又不好了。"我说着就感觉嘴里有异物，想吐，她赶紧用毛巾垫在我的右腮边，我吐着吐着又无意识了……确认我是躺在自己的病床上时，我终于彻底醒了。

刚才那一幕，太恐怖了! 我之所以没有被吓死，是当时的身体不具备"害怕"的能力。护士小姐来帮我量血压，她告诉我，我刚才是在苏醒室，而我右乳手术时并没享有此待遇，因为那天该手术室只有我一台手术，所以我是在手术室内苏醒的。

这是我在短短的 4 个月内的第三次全身麻醉，挨的第三大刀。这次手术前，担心自己患了双侧乳腺癌。而现在的结果是左乳良性肿瘤，但这个好消息却让我高兴不起来。因为医生根据我左乳的乳腺质量和导管内的乳头状瘤的程度，最后还是采取了全切除。

我终于成了一个"零乳房"的女人！按理说，术前我有全切除的思想准备，但当自己真的面对活生生的事实时，心里却又理性不了了。一个没有乳房的女人还是女人吗？

如今，我是"零乳房"，以上的信息强烈地冲击着我的自尊。

第二天早上，医生来检查伤口，换纱布。解开胸前的绷带，揭开伤口上的纱布，医生小心翼翼地用酒精棉球擦着近 20 厘米长的伤口，此时，我用眼睛见证了事实，我的乳房，没有了，永远没有了！"伤口很好，安心休养。"医生干完他的事，嘱咐一句，离开了病房。

病房恢复了安静。安静的病房让我安静地思和想……还是那掷地有声的四个字——"向死而生"再次给了我解药，向"死"要生啊！

我计划着出院后第一件要做的事：赶快去学校办理退休手续，继而转换自己学术研究的坐标，弄明白"乳腺癌"这玩意儿；搞清楚我的 HER2 强阳性的乳腺癌，人可以死于疾病，但不能死于无知；再就自身情况，搞出当下我最优化的治疗方案等，我必须跑步进入医学界。

第二件要做的事：去红十字会，办理捐献眼角膜的手续。早在 10 年前，我就对家人说过这个愿望。人死后，能留两道光明在人间，继续看着这个多彩的世界。原本打算 70 岁后再干的这件事，现在必须提前做了。

第三件要做的事：为 5 个月的小孙子圆圆制作一本写真集，并写下圆圆成长照片的文字，图文并茂地留给慢慢长大的圆圆，让他记住在这个世界上曾经有一个人在一个特殊的日子里对他说的话。

第四件要做的事：还是想写写文字，记下自己一路走来的脚印。能写多少算多少，发表不发表，无所谓。我一生读书、写书、教书，让写作陪伴我的生命。如果上苍还让我的生命继续"读年"，那就说明我"向死而生"成功了，那我就走出书斋去"布道"，让天下的女人不生病，少生病，起码不生大病。

53 岁就走了，她没有"老年"

2006 年农历的小年夜，我接到永美一个电话，说她胆囊炎犯了，疼得要命。在医院住了半个多月。这几天越来越疼，晚上疼得更厉害，是趴在床上用枕头顶着腹部睡的。过春节了，先回家住几天。我寻思这情况有点不对劲，于是，打电话给她丈夫，才得知永美是乳腺癌肝转移，没法治了，才回的家。而永美并不知实情。

我感到心口一阵堵。我在刚患病的时候，但凡听到谁乳腺癌复发了、转移了、去世了，马上会条件反射地联想到自己，我会这样吗？先是心里一阵恐怖，紧接着是自我安慰，"我与她们不一样"。

永美是聪敏的。她似乎感到自己不是胆囊炎，而是那个东西爆发了。年初三晚上，她在电话中告诉我她的判断，并说，明天一早，就派丈夫带着所有的检查资料来上海找我。我叮嘱，一定要带上手术当时的病理报告。

Q&A

秦　畅：于医生、于患者家属而言，如何与患者谈及"死亡"？

潘肖珏：于医生而言，也不应直接与病人谈及"死亡"的问题，这对治疗不利。即便无法医治了，也没有必要告知病人。但医生应该对患者家属告知病情与死亡的问题，必要时还要启动医疗程序，发出"病危通知单"。当然，这些都是医学层面上的谈论，而非哲学范畴的。

于患者家属而言，这个问题的取舍，可取决于患者对待疾病的心态。按中国人的习惯，一般对亲人都回避谈及死亡。除非患者本人能很坦然地面对死亡，很从容地安排自己的身后事，并主动谈及有关生命的终极问题时，可给予积极的回应。因为这种回应是对患者生命观的认可，这会让患者感到很满足。

其实，中国古人，特别是道家的庄子，对待生死早有论述：古之真人，不知说生，不知恶死；其出不欣，其入不距；翛然而往，翛然而来而已矣。用现代话来解读：古代的真人，不贪恋生，不厌恶死；出生不欣然，入死不拒绝；无拘无束自然而死，无拘无束自然而生罢了。

所以，庄子的老婆死了，他会"鼓盆而歌"。当然，庄子所言是一种哲学层面的生死观，对我们常人来说，这是需要修炼的。当然，若是修炼到像婴儿那样不怕"死"、对死"无知无觉"，那就可以泰然处之了。

永美的丈夫来到了我家。我一看病理报告：HER2 强阳性乳腺癌。果不其然，与我同类型。"你们为什么不早点把病理报告找出来？"我带着责备大声说。当初，我让永美把病理报告复印寄给我，她回答找不到了。所以，我也就不能盲目地要求她也按我的方案康复。"想想是早期嘛，只要化疗就行了。我们乡下人，不懂啊！"突然觉得，我不该这样对他，他已经心如刀绞了。我见他眼眶里滚着泪珠，听他坚定地说，一定要救她，哪怕卖掉家产，跑断腿！

我的眼中，他是一位做得很到位的"陪疼"丈夫，所以，这男人说的话，我信！我拿了一些我服用的营养素，叫他立即回去，给永美吃。有什么反应，马上与我联系。等春节长假一过，我就帮他联系上海的医学专家。

第二天一早，我等不及永美来电，就主动去电问情况。"昨天下半夜开始，腹部开始有松动，痛感减弱，我终于能仰卧了，舒服地睡了 4 个小时。潘老师，谢谢你，我的救命恩人！"永美动情地说。"客气什么，咱俩谁救谁啊！这些产品，继续照我的剂量吃，随时保持联系。"前半段的话是心里话，后半段的话是我煞有介事地在开"医嘱"，自我感觉还蛮像回事儿的。"你一定要有信心，心态不好，再好的东西也白搭。"这倒不是我又想扮演心理咨询师，而是因为"信念"是战胜疾病的第一良药。

一个星期后，永美饭量增加了，精神也好多了。她说，虽然也有痛的时候，但不至于用枕头顶着腹部了。我安排好上海的专家，永美和丈夫来上海就诊了。医生给永美做了全面检查，结果让我大吃一惊：全身癌细胞广泛性转移，肝、肺、骨、盆腔等。这种情况，我们都没让永美全部知道。此时，我的心在往下沉：永美啊，你难道真的要掉下去了？永美回家了。我几乎天天与她通电话，让她能听到我给她的加油声。

一个生命在支撑另一个生命。我自己捣鼓的那几样治疗利器，既然能改善症状，我就叫她照样吃。我祈盼奇迹出现！但一个多月后，永美的病情突然出现反复，情况不容乐观。她不得不再次入院，此后就没能再回家。

她，归西了。

永美去世后，我一直很纳闷：乳腺癌是人体外表的肿瘤，为什么一年多的时间就快速让人从此蒸发? 永美是典型的"早发现、早治疗"的患者,认真经过6个疗程的正规化疗,手术是上海三甲医院的专家做的,治疗方案也是手术医生定的。但她的预后为什么如此糟糕? 永美是1期乳腺癌,无转移,肿块也只有1厘米,病情远比我轻;她是务农出身,身体体质也比我强,居然都熬不到两年! 为什么? ……

53岁的她走了,她没有"老年"。原来我惧怕自己变成老年人,现在我希望自己有"老年"。

第二章

死神也有敌人

一副"烂牌"倒着打

　　什么叫"屋漏偏逢连夜雨"？原先是股骨颈骨折，虽然是平躺，但也只是下半身不能动，现在可倒好，居然成了全身不能动：胸前被厚厚的纱布绑着，患乳腺癌侧的右臂在肿痛，静脉炎的左臂也在疼痛，左腿的骨折还在胀痛；再加上因术后插导尿管引起的尿路感染，尿频、尿急、尿痛。此时，整个身体被"痛"包围着……此状态还要持续多少天？"生不如死"的意念是有掠过的，整天笔直地躺着，望着天花板，我痛苦得几乎掉不下一滴眼泪。

　　我开始可怜自己：灾难怎么会如此地一环接一环，一点儿不让我消停啊！……猛然，我想到了永美，人居然会一下子顿悟：因为骨折，我认识了永美；因为有永美患乳腺癌这件事的提醒，我才会关注自认为安全的乳房。没有这些冥冥之中的因缘，可能会遭更大的"祸"。这样一想，平静多了。

　　癌症患者在被确诊初期，他们的家属都会本能地向病人启动一项将病情避重就轻的告知程序。

　　"我的病理报告，出来了吗？"乳腺癌术后已经 10 天了，我试图问问家人。"早呢，还没出来。"或许他们还没有想好怎么跟我说，就用此话来敷衍我。我心平气和地对妹妹说："不要瞒我，要真情相告，今后的路是要靠我自己来走的。"妹妹迟疑了一下，说："那好，我告诉你。"我突然感到心跳加快，手心有点出汗，到底还是紧张的。

病理诊断：1. 右乳房浸润性导管癌Ⅱ—Ⅲ级，2.5 cm×2 cm×1.5 cm。2. 右腋下淋巴结（1/13）见癌组织转移。3. 免疫组化标记结果：HER2 阳性（+++），ER、PR、Ki-67、P53、BCL-2 均阴性（-）。

当时我对这些乳腺癌的医学知识根本不懂，所以也没有紧张。事后才知道，我患的是最凶险的一种乳腺癌，而且根本不是早期，肿瘤也不小，还伴转移。2011 年去世的复旦大学青年教师于娟患的就是这种"乳癌之王"。

有人说，不怕死的人是因为他无欲望。我，当然有欲望，所以，我怕死。

在公共关系专业领域，我自认为我的学术造诣在全国高校不敢说出类拔萃，也是小有点名气的。本来打算再写几本专业新视点的书，带几拨研究生，最后光荣地当个"博士生导师"，达到高校最高的学术身份，此生足矣。

可这下生了这病，完了，没可能了。我当了半辈子教师，但儿子的教育背景，不尽如我意，这是我的心病。原本计划退休后，正赶上小孙子学龄时，再好好当回"老师"。现在缠上这病，我恐怕连这最起码的欲望都泡汤了。这个病为什么不晚来 10 年啊？我不晓得自己还能活多久。

此时，18 床又是一阵声嘶力竭，听着这最后的生命呐喊，说不害怕，那是假话。但是，我又自我安慰：幸好我遇到了永美，没到"最后通牒"的程度。

其实，人的一生有无数次与死亡擦肩而过的机会。例如 2003 年的 SARS，像我有这么多基础疾病的人一旦染上了，那是必死无疑的。这不，今天算来我已赚了 3 年。

又比如，1996 年那次我去温州讲课所乘的飞机降落时，起落架如果真的一直放不下来，那也可能机毁人亡。这样说，我不又赚了 9 年吗？所以，即便是现在结束生命，那我也已经多活了好几年了。

一副"烂牌"倒着打，平静多了。其实，我这一辈子够丰富多彩了——鲜花、掌声，还有不少"粉丝"；现在，孙子也出生了，生命已二度延续；结婚离婚、"城里""城外"地走进走出，做两回人了，知足吧！

　　当对自己满意了的时候，也就无欲无求了。无欲，就会不怕死。不怕死的第一表现是要将自己的死安排好。

　　我开始设计，如果生命倒计时进入"读分""读秒"阶段，回天乏术时，我不希望通知任何人，不希望让我的亲人、我的朋友围在我的床前，因为那时的他们会很伤心。这种伤心，对他们身心的杀伤力太大。我生前已经够连累他们了，此时的我，唯一能回馈他们的是：希望他们在屋外、在家里、在工作岗位上；希望床前有鲜花，耳边有音乐，周围有医生、有护士，我会走得很职业，走得很诗化，就像诗人徐志摩说的"轻轻地我走了，正如我轻轻地来"。

　　后生命阶段中所有的仪式、惯例都简化了，直送该送的地方，什么都不保留，我会对儿子说，买骨灰盒的费用也可以省了，骨灰任殡仪馆处置吧。

　　我对后生命阶段的安排，可真不是作秀。我年轻时就是这么想的。因为从小就害怕见死人，所以害怕去殡仪馆。长大后，对此问题，我常有超越年龄的思考——"厚养薄葬"。今天，轮到自己，我当然坚决表示根本不需"葬"。

　　我找了一个时间，把这些想法告诉了家人，因为它包含了传统意义上"遗书"的内容，希望亲人们到时"按图施工"。

　　我要准备一个特殊的见面会，邀上几位好友，把自己平时心爱的衣服、饰品等赠送给她们。因为生前送是"礼物"，而死后送，就变"遗物"了。

　　我就是这么一个人，典型的 A 型血性格，什么事都计划得好好的，连"死亡"也不例外。

Q&A

秦　畅：我在节目中曾讨论过一个有点沉重的话题，即面对癌症病人最后要不要进行创伤性的抢救？当亲人离去后，很多人发现，我们对癌症并不了解，对治疗，特别是对"过度抢救"投入了太多的情感和期望，反而没来得及让逝者享受最后的亲情，甚至有尊严地离去。您说呢？

潘肖珏：我记得媒体曾刊登过一篇《美国医生的临终选择》，我连续看了两遍，感慨颇多。

美国是癌症治疗水平很高的国家，当美国医生自己面对癌症侵袭、生命临终时，他们又是如何面对和选择的呢？美国南加州大学家庭医学科副教授 Ken Murray 说，他的导师、骨科医生查理被发现患胰腺癌。对这类胰腺癌，美国有一系列提高生存率的治疗手段，但查理却丝毫不为所动。于是，第二天他就出院回家，再也没有迈进医院一步。他将所有时间和精力都放在与家人相处上，非常快乐。几个月后，他在家中去世。没有接受化疗、放疗，愉快地度过了生命中的最后时光。Ken Murray 说，奄奄一息的病人的气管将被切开，插上导管，连接到机器上，并被不断地灌药。现在，有些医生在自己患了重病后，专门在脖子上挂着"不要抢救"的小牌，以提示自己在奄奄一息时不要被进行创伤性抢救。

我们的现状是：家属面对一大堆突如其来的选择，变得无所适从。当医生询问"是否同意采取一切可行的抢救措施"时，家属会立马说"是"。于是噩梦开始了，成了

"过度抢救"的受害者。

假如死亡也有一种艺术形式，那应该是：有尊严地死去。所以，我已经对我的亲人说了，如果哪天我的身体又出什么大问题了，连我自己也无招可支了，这对我来说，不是"病"，而是"命"。我坦然。

因为我对自己满意了，我对生命无憾了。就像那位美国医生查理一样，快快乐乐走向谢幕。

我与医生"谈判"

　　做不做放化疗？在中国，治疗癌症的"套路"是：能手术的先手术，而后做 n 个疗程的放化疗，再就服中药、找偏方、吃名目繁多的保健品。接下来的命运，各有各的走向：有人财两空的，有复发转移的；当然，也有从此健健康康的。

　　我的乳腺癌治疗也沿用这一模式吗？我开始认真地思考我的下一步治疗方案。手术两星期后，拆了线，王平治医生对我说，根据你的病情，必须化疗，而且必须是联合化疗方案，即三种化疗药同时用，静脉注射六个疗程。

　　我要求看一下这三种药的说明书。在没有满足我要求的情况下，我让家人从网上下载了三种药的说明书。不看不知道，一看吓一跳。这三种药对心脏的毒副作用都很大。"不行，不能再伤害心脏了。"这是我的底线。连续两次全身麻醉的大手术，已经让我的心脏不堪重负，床边的心脏监护器连着几天夜里都在报警，心内科医生已来会诊多次了。心脏病对我的威胁是瞬间的，而当下的癌症起码还不会即刻要我的命。这就是我第一次拒绝化疗的充分理由。

　　得了癌症，不肯化疗，这还了得啊！我的家人、我的朋友纷纷对我启动劝说程序：两个妹妹轮番地苦口婆心；已离婚 15 年的第一任丈夫的妈，也就是我那位没有法律关系的婆婆，硬是冒着酷暑，3 次来医院心疼地责问我:"你是怕化疗掉光头发,不好看吗?"我的挚友、时任上海工程技术大学校长的汪泓教授正在出差,急忙赶回上海,晚上11点,一下飞机就直奔我的病房;好友鲍日新教授更是将上海华山医院乳腺病专家请到我床前……为了不让他们太失望,我都会一一对他们微笑着说:"好的,好的,我考虑考虑。"

医生看我这么坚决地不愿化疗,就劝我一定要放疗:"放疗是局部照射,你是右边乳房的癌症,所以,放疗对心脏的影响应该不会很大的。"我觉得医生说的这方案还在理,就决定到有放疗设备的医院去做放疗了。

转院后的第一个晚上,我的床位医生正好值班,他到我病房,与我聊天,并很和气地询问我,为什么不肯化疗。我说了理由,并告诉他我已经决定做放疗和坚持吃中药。他说,中药是调理性的,不直接杀癌细胞。

此时,我不想就中药的抗癌作用问题来和他理论。第一,我没有这个底气;第二,不想与医生针尖对麦芒,太不礼貌;第三,他也是好心,他想挽救我。接着,他向我推荐一种对心脏毒副作用很小的静脉化疗药——紫杉醇。然后,他滔滔不绝地讲了许多有关"紫杉醇"的故事,它是一种植物,怎么被日本人发现它的抗癌作用的,而后又是如何被用于临床的,现在国内外医学界对它的评价如何如何,等等。一开始我听着很反感,心想我已经明确跟你说不化疗了,你为啥还这样不依不饶。慢慢地,我对他能这样不厌其烦地与病人耐心沟通起了好感,他临走时要我好好考虑考虑他的话。

第二天,我请家人从网上下载了所有关于"紫杉醇"的材料,希望它既不伤害我的心脏,又是我这种乳腺癌的克星,同时,还不会引起股骨头坏死。我躺在病床上仔细阅读,不希望在自己身上发生歼敌八百、自损一千的赔本战争。

那天刚吃完中饭,床位医生又来了,笑呵呵地问我:"考虑得怎么样?""医生,我想请教一下,'紫杉醇'使用前,是不是先要用'地塞米松'？"我向他求证这个对我来说蛮重要的问题。"对，是为了防止过敏。""医生，不好意思，我因为股骨颈骨折，还未痊愈，用'地塞米松'这类激素药，行吗？"我深知，自己是在向医生请教，即便此问题我已经很有把握了，也不能用判断句说话。

"小剂量，20 毫克，没问题的。"医生说话是善于用判断句的。我心想，6 个疗程的话，那就是 120 毫克。再加上"紫杉醇"这类化疗药，对骨髓都有抑制作用，那我这"股骨头坏死"的可能性就大大提升了。最重要的是，"紫杉醇"并不是百分之百地能治愈我的乳腺癌。但这些话，我不能说出来。"医生，我还想请教，临床上有没有碰到过，使用'紫杉醇'而发生并发症的病例？"我壮着胆子问。"有。""什么并发症？""呼吸窘迫症。""那怎么处理呢？"我紧追不舍。"轻的，吸氧；重的，切开气管。"真是很谢谢他，我们能沟通得如此充分。

这时，他可能看到我有点惧怕了，忙说："不要害怕，这种概率很小。不信，明天主任查房，你可以问问他。""好的，谢谢您，您赶快去吃饭吧，已经 12 点了。"我们结束了对话。此次对话，真是受益匪浅。医生在无意中告诉我所有的实情。一般医生是不会这么坦率的。

午休时，我在思考，明天如何与主任对话。

主任查房了。这位主任看上去 60 岁左右，但人很精神，很有外科医生的气质。据说，他是这里开乳腺癌的"一把刀"。"你是大学老师？""是的，主任。""你知道自己的病情吗？""知道，浸润性导管癌。激素受体都是阴性，腋下淋巴结阳性，HER2 强阳性。"我说完，所有的医生们都笑了，包括那位主任。可能是因为我回答得像小学生背书一样。

"听说，你不愿意化疗？"看来这个主任对我已经很了解了。"主任，我因为骨折，躺在床上 3 个多月了，又经受了两次大手术，如果再静脉化疗，我真的吃不消了，我经常要犯心脏病，这些天，血压也往上蹿，所以……"

还没等我说完，主任就抢着说："你这种乳腺癌已经比人家少了一种内分泌治疗的手段，再不化疗，非常危险！"他停顿了一下，又说："我告诉你，乳腺癌是一种全身性疾病。你的病情一两年后，远处转移的可能性很大，或到脑，或到肺，或到肝，或到骨头，到那时就麻烦了。"

全病房的人都屏住呼吸，太可怕了！这些话听上去是很恐怖，但他可能是实话实说，他在击醒我这个"顽固分子"。

记得有张报纸曾经报道过，"三分之一的癌症病人是被吓死的，三分之一的癌症病人是被过度治疗而死的，还有三分之一的癌症病人是无法治疗而死的"。看来情况是这样。

"那我靠意志！"我不知道哪来的勇气，当然是微笑着说的。"靠意志？成功的只有十万分之一，但轮不到你。"主任冷冷地扔下这句话后走了。

我看见站在床边的研究生小张听了主任这话，眼圈红红的。我对她说："别怕，老师就是那十万分之一。"当晚，一位年轻医生来到我病床边："潘老师，早上查房后没事吧？"我很感谢这轻轻的一句问候话。

如果说，最糟糕的医生是用语言恐吓病人的医生，那么，最亲切的医生是用语言温暖病人的医生。

Q&A

秦　畅：这本书将"病了，把身体交给谁"的思考贯穿始终，显然，刚开始时，即使以公共关系学研究为专业背景，熟谙人际沟通方法的您，仍然是战战兢兢，甚至懵懵懂懂地开始了第一次的选择。回头看去，能否评判一下当时选择的得失？

潘肖珏：若干年后的今天，评判一下当时的选择，四个字：完全正确！

不发一枪一弹（几乎没有放化疗），对一个患 HER2 强阳性（腋下淋巴已有转移）的乳腺癌患者来说，能安全地跨过十几个年头，实属不易。因为，此类乳腺癌是被医学界判为患者生存期较短的病种（当然，十几年后的今天补充说明一下，双靶联合化疗临床效果好像也不错），而且我又是一个集多种基础疾病于一身的人。

癌症患者中病急乱投医的甚多，他们会在几种选择中艰难地选择，然后，不断地改变医治方案，不断地再选择医院和医生。而我的性格决定我不会轻易做选择，包括选择治疗方案、选择医生。一旦选择了，就不会轻易改变。选择很难，坚持更难。

我当时的想法：自己可以死于疾病，但决不能死于无知。所以，我向死而生的第一步就是放下所有的事情，研究乳腺癌，研究人为什么会得癌症，尽快找到自己发病的原因。任何一件事情，都有其发生的原因、发展的过程和由其导致的最终结果。癌症也是如此。

癌症是人体正常细胞加速变异的结果。所以，研究人体正常细胞是在何种环境中加速变异的，这就抓住了癌症发病的原因。如果我们的治疗只是消除了检查时发现的肿瘤，并没有消除肿瘤生长的原因，这就像你用摘掉一棵苹果树上的苹果的方法来达到不让这棵苹果树再结苹果的目的一样，是不可能的。

相反，病因找到了，我就可以在源头上改变自身的内环境。内环境改变了，癌细胞就没有了生长的土壤，那还会担心其有复发、转移的结果吗？

秦　畅：您这样选择，考虑过风险吗？

潘肖珏：当时，曾有人提醒我这么做的风险：潘老师，还没等你研究出来，你可能就已经扛不住了。我回答："那就能研究多少是多少，我尽力了，也就死而无憾了。"

也有人好心劝说，既然你的生命已经到了这分上，还不抓紧吃点、玩点，而去干这种全世界科学家都没能干出大名堂的玩意儿，岂不有点迂？我不同意这种说法。科学家没能干出大名堂的事，非科学家就不一定干不出大名堂来。关乎生命，没有权威，只有事实。

我长期从事高校的教学与科研，这次，我权当是又接了一个新课题、一个关乎生命的课题，就算是让自己的生命善始善终吧。我摸着自己生命的石头过河，期盼能健康地到达彼岸。

站在巨人的肩膀上，做自己的"医生"

我将疾病当课题，踏上了我的研究之路。

第一步是好好认识我的这个病。查阅了大量的资料，最后摆在我眼底下的是触目惊心的三条结论：HER2 阳性的乳腺癌相对于 ER、PR 阳性的乳腺癌无病生存期短；复发转移的概率大；死亡率高。这类乳腺癌用医学术语来判断叫"预后差"。再次证明了先前医生们对我说的话。

此时，我有点缓不过气来，往沙发上一躺。迷糊中，一句经典语录让我从沙发上跳了起来："上帝在给你关上一扇门的同时也会给你打开一扇窗。"我开始对话自己：那我的窗在哪儿呢？振作起来，继续找啊，你干吗就此躺下了呢？你不是一直认为自己很能干的吗，能干就是别人搞不定的事，你能搞定。这不，得癌症了，此君有点难搞定，你来搞定它吧。

我立马重新回到书桌前，开始狂找我的那扇窗。慢慢地，那扇窗被我打开了——

一条信息进入我的眼帘：HER2 阳性的乳腺癌患者的 DFS 在化疗组与非化疗组之间无显著差别。我突然眼睛一亮，赶紧查阅 DFS 的含义。原来 DFS 是无瘤生存率的简称。"HER2 阳性的乳腺癌患者的 DFS 在化疗组与非化疗组之间无显著差别"这句话实际上可以这样理解：我的这类乳腺癌对一般的化疗并不敏感。（后来有一种靶向性的化疗药，叫赫赛汀，专门治疗

HER2 阳性的乳腺癌，目前已入医保，但当时是自费的，非常昂贵）

"天哪！"我兴奋地握拳在头顶上舞了两下，我终于找到了自己铤而走险不化疗的"实践"依据。这条信息，不，我更愿意说这条"真理"给了当时在黑夜中的我一道亮光，让我依稀感觉：我的选择没有犯方向性的错误。

世界是平的，因为互联网。互联网伟大，让我迅速站在巨人的肩膀上，一览众山小，雪片似的信息不断地刷新着我的思考。

"2005 年 11 月 3 日，据英国媒体报道，科学家最新的研究成果显示，月见草油将会成为治疗 HER2 阳性乳腺癌的利器，实验室的实验结果表明：月见草油中的物质不仅能有效抑制这种乳腺癌的重要基因，还能增加抗癌药物的药效。"我在网上看到这则消息的时间是 11 月 10 日，也就是说，这个信息我几乎是在"第一时间"获得的。当时的我，不由自主地狂叫"我有救了！我有救了！"

我跑到 18 楼的窗前，俯瞰着楼下匆匆行走的路人，希望他们能听到我的心声，能分享我的喜悦。月见草油是老药新用，这药原来是治疗高脂血症的。月见草是一种北美植物，药材是讲究产地的，于是，我请温哥华的同学给我捎来正宗的月见草油胶囊。我把网上有关月见草油治疗 HER2 阳性乳腺癌的内容下载下来，复印了好多份，送给我所认识的医生们，他们比我接触的病人多，可以救更多的人。可是，大多数医生是将我给他们的资料放进抽屉里，只有我的中医医生陆德铭教授，就此将月见草油用到了他的临床上，我向陆教授深深地致敬！此乃大医胸怀！

又一重大信息扑入我的视野："硒"能辅助抗癌！

我在一本医学书中看到，美国科学家在那些已经自发地产生了乳房肿瘤的老鼠的饮水中，添加进不同浓度的硒，当饮水中只含 0.1 ppm 的硒时，94% 的老鼠的肿瘤扩展；而在饮水中含有 1 ppm 的硒时，只有 3% 的老鼠的肿瘤扩展。

寻找自己 ● 每个人都可以是"奇迹"

这个实验，让我回忆起储存在脑海中的一个事件。我国黑龙江省有两个农场曾一度发现农场中癌症患者骤增，当时的营养学专家于若木得知后，立即深入当地调查，认为是该地区严重缺硒，建议有关方面对农作物施硒肥解决贫硒问题。后来农场在农作物生长期用飞机低空往叶面喷亚硒酸钠，使植物的叶片充分吸收，农作物就成了富硒作物。农场人吃了富硒粮食以后，癌症的发病率就明显降低。

硒是什么东西？硒是一种微量元素，希腊人把它称为月亮女神赛勒涅，就是赞美硒战胜癌魔的能力。硒抗癌的潜力可以归因于它的抗氧化特性。因为硒是谷胱甘肽过氧化物酶合成的成分，它可防止不饱和脂肪酸的氧化，抑制可能成为致癌因素的过氧化物和自由基的形成。

医学书上对硒的抗癌道理讲得很专业，太难懂，特别是什么叫"过氧化物"，什么叫"自由基"，我努力学习后，试着把它们"平民化"。人的生存离不开氧，通常吸进体内的氧气绝大部分都被正常利用了，而剩余的氧就形成了过氧化物，在体内"瞎转"变成了自由基。当人体自身没有能力清除它时，大量积聚在体内的自由基就像氧化作用腐蚀金属一样，导致各种疾病，包括癌症。

我们曾经以为，在这个世界上，细菌和病毒是威胁人类生命和健康的两大宿敌，却忽视了这个比细菌和病毒更凶险、更隐蔽、更难对付的敌人——自由基，也叫过氧化物。所以，我们希望自己的身体代谢达到平衡、不生病，就要抗氧化。而硒就有重要的抗氧化作用。

搞明白了道理，认识了硒对我治疗的重要性，我马上行动。补充多少量？剂量决定质量。硒的有用性和有毒性是共同存在的，不可小视。我反复查阅了各种有关书籍，根据我的病，安全剂量应该是每天400微克。而普通人的安全剂量应该是每天50—200微克。

除了月见草油和硒外，我的第三把利器是彻底改变饮食习惯。

我翻阅了大量的资料，总结出三个饮食原则。

一是多吃富硒食品。如豆类、芝麻、虾、大蒜、蘑菇、小米、板栗和动物内脏等。除了动物内脏外，其他的食物都列入了我平时的食谱中。

二是多吃富钾食品。如土豆、芹菜、香蕉、橙子、菠菜、山药、莴苣、黄豆芽、韭菜、青蒜等。我看医学书上说，正常的细胞里面，钾与钠有一定的比例，3∶1的比例才能保持身体平衡。

三是多吃软坚散结的食品。如水果中的柑橘、猕猴桃、山楂、苹果；蔬菜中的海带、西蓝花、白菜、苦瓜、芋头、大蒜、葱头；荤菜中的螃蟹、鲨鱼、青鱼；调料中的咖喱、胡椒等。

中医认为，癌症是瘀毒导致的，通过化瘀和软坚散结，才能经络通畅、阴阳平和，健健康康。我将自己研究的三种治疗手段，从理论到操作，写了满满4张纸，与我的医生们沟通。他们都笑笑，没表态。我揣摩他们的心思：你这玩意儿能治疗癌症，那还要我们医生干什么？

家人看见我整天研究来研究去的，大惑不解，特别是我小妹夫。他说："姐你别研究了，等你研究出来，你人也快死了。"

我一步一步践行着自己的治疗方案，加上一些适合我的运动，我的股骨颈骨折也正在慢慢恢复，一切都朝着我预想的方向发展，整个人的精气神都上来了。

这些年，我就像神农尝百草，试过之后才知道是否适合自己。癌症是一个多因一果的产品，其中不良的饮食习惯也可导致癌症，这已经是一个不争的事实。既然病可以从口入，理应也可以从口出。

四

没有突然发生，只有突然发现

我为什么会得癌症？

从 2005 年 7 月 9 日手术清醒后的那一刻开始，我就在反问自己。若干年后的今天，这个问题，我才刚刚有解。五大原因"功不可没"：一是长期情绪感冒，致使肝气郁积；二是压力山大常熬夜，致使褪黑素下降；三是少动多静，致使抗氧化能力缺乏；四是从小爱吃肥肉，致使脂质代谢障碍；五是多年便秘缠身，致使肠道毒素堆积。

没有突然发生，只有突然发现。

"癌症"是一个人长期的不良生活方式和情绪为自己请来的客人。医学界始终认为：癌症是一种基因病，源自基因损伤、突变累积的结果。事实上，基因为什么会"损伤"？为什么会"突变"？归根结底，还是长期的不良生活方式和情绪促使基因发生了变化。

从某种角度来说，我们的身体是社会环境和自身生活方式的一面镜子。所以，我更赞同癌症是我们生活中好事情和坏事情综合起来的结果。

专家发现，一个人的健康有五大决定要素：一是遗传，占 15%；二是社会环境，占 10%；三是自然环境，占 7%；四是医疗条件，占 8%；五是生活方式和精神因素，占 60%。前四项要素占的比例相当少，加起来总共才 40%，而较多影响健康的是生活方式和精神因素，它占到 60% 的比例。

专家们告诉我，每一个癌症患者都有两个器官组织是有问题的，它们是所有癌症的根源。这两个器官就是肠道和肝脏。

经功能医学的检测：我的肠道内积滞着大量的毒素，肝胆内也被垃圾和毒素阻塞。一方面通过肠道向体内输送毒素，另一方面肝脏解毒功能又不好，这两者的结合让癌症在我薄弱的脏器——乳房内登陆，终于让我患上乳腺癌。

从这一层面分析，得癌症了，应该表述为"人得癌症了，而不是某个脏器得癌症了"。因为不管是什么癌症，本质都是一样的。这就好比雪、雨、冰雹，它们虽形式各异，但本质相同，都是水。

为了深刻反省，我必须细细列出每一原因中存在的深层内核，方能洗心革面、重新做人。

（一）长期情绪感冒，致使肝气郁积

我的长期情绪感冒与我生命中的三个男人有关。

第一个男人是我第一任丈夫。原本是小说中的故事，却在现实中变成了我的事故——我的学生介入了我的婚姻。我觉得太没面子了，一段时间内非常郁闷，经常独自流泪，最后导致我的两个乳房胀痛难忍，一直用伤湿止痛膏贴着。后来延伸到胸前区刺痛，心率始终很快，每分钟120次，还出现过阵发性的室上速，这是一种可以致命的心律失常。我被送进医院的ICU病房救治，时年40岁。从此，心脏病就成了我的顽疾。

第二个男人是我第二任丈夫。我小心翼翼地在46岁那年步入第二段婚姻。我接受前一段婚姻"夫妻同龄"的教训，找了个比我大10岁的老公，遗憾的是也没能继续走下去。

第三个男人是我儿子。与他爸离婚时，是我心脏病发得最严重的时候，有时，连拿热水瓶倒水的力气都没有，生活自理成了问题。经常住医院，不

得不病休在父母家，由我年迈的父母照顾我的生活。当时，我实在不忍心再增加父母的负担，才同意 16 岁的儿子先与他爸住在一起。可万万没想到，当我要见儿子时，却遭到拒绝。更让我伤心的是，我去学校见儿子，儿子居然也不想理我了。天下哪有这档子事，我向苍天哭喊，我冤！几近崩溃的除了肉体，还有灵魂，整个人恍恍惚惚的。接下来就是不停地发心脏病，不停地挂急诊，不停地在责问自己：这一切的一切，谁之过？谁之过？！

我向时间与空间发问！

整整 9 年，我思儿，念儿。从此，我怕过节假日，因为我孤单；我怕在电视中看见母子情深的情景，因为此时的我正与儿子分隔一方；我怕被人问及儿子，因为我无法得知儿子的信息；我更怕别人问，离婚时儿子为什么不跟你生活，因为任何的辩解都是苍白的；我怕正视周围人看我的眼神，因为他们的眼神告诉我，看不懂眼前这个女人——她离的是婚，怎么连儿子也离了呢？

我的世界，一片混沌。

我总觉得自己很有理，可手持一大堆的理，却经不起残酷现实的比对。于是，我不得不向现实屈服：作为老师，我很失败；身为妻子，我也失败；为人母，我更失败。做女人做到这分上，除了自己默默地消化所有的苦水，悄悄地擦拭累累伤痕外，还能怎样？

从 40 岁婚变开始，到 55 岁确诊乳腺癌，漫漫 15 年，我整个身心被"负面情绪"浸泡着，连细胞都能挤出泪水来，而就是这每况愈下的身体，为日后乳腺癌的形成提供了温床。可我却浑然不知，还深深地不可自拔。简直是"健盲"一个！

直到有一天，突然发现自己已经站在人生的悬崖边上了——在最凶险的乳腺癌夺走了我的两个乳房，并被预言"只有一两年生命"的紧急时刻，我才猛然回头，拼命折返跑。

（二）压力山大常熬夜，致使褪黑素下降

我原本是"老三届"，是被"文化大革命"耽误上大学的一代。1977年高考制度恢复，我如久旱的禾苗逢甘霖！但当时考全日制大学的政策是：带薪读书，但没有奖金等其他福利。我的家庭经济情况是不允许我"没有奖金"等福利的。而如果读函授大学，因为是全业余的，家庭经济不受任何影响，所以我没有选择地选择了这条路。

1978年春季，我考取了华东师范大学中文专业本科函授班，学制5年。走在这条路上的我，成了"五栖人物"：白天是一所技校的校长，并兼任政治课和语文课的教师；每周三的晚上是社会上一所业余学校的语文兼课老师；剩下的时间，除了当一名函授大学的学生外，肩上还有每天必须承担的两个角色：妻子和母亲。

这条路，我走得很累。我实在没有足够的时间陪伴儿子，看看儿子的身体也没大碍，于是我就用兼课换来的钱，将3岁的儿子送了近两年的全托。

一天，我终于累倒在了讲台上。学生们立即把我送进了医院抢救。医生诊断：急性阑尾炎并穿孔。急诊开刀，住院。那年，我33岁。有人说，三十三，乱刀斩。我应验了？！

当我履历表的"学历"一栏中，能填上"大学本科"时，我进了上海电视大学，当起了一名大学教师。在高校当教师，"函授大学"毕业的学历身份使我感到很有压力。于是，我不得不别夫离雏，去广州暨南大学读研究生课程。从广州回来后，我以发表的3篇论文和5万字高校教材的编写等材料，评上了高校讲师，并成为该校公共关系教研室主任。我开始拼命地著书立说，向着通往"教授"的大道上，快马加鞭！

而人生路上，什么时间该干什么，什么时间不该干什么，其实是不能错位的。可我们这一代，历史让我们大大地错位。而我们又必须为这种错位付

出沉重的代价。

那个时期，上海四川北路一弄堂的亭子间里，总有一盏灯是通宵亮着的。那盏灯下，有一位伏案疾书的女人。那个女人将"蝴蝶牌"缝纫机的台面当桌子，桌面上除了书、稿子、笔、台灯，还有"鸡仔饼"、浓茶或浓咖啡，冬天的时候，还会多一瓶"五加皮"。一般到凌晨4点左右，弄堂里"乒乒乓乓"的奶瓶撞击声响了，送奶人推着牛奶车送奶来了，那个女人会"迷糊"两个小时。然后，6点钟准时给家人弄早饭、洗衣服等，加入邻居们忙碌的上班进行曲中。

那个女人就是我。

为了把"文化大革命"耽误的10年追回来，我开始倒逼自己，一天掰作两天用，并残酷地规定自己每周起码通宵熬夜三次。因为时不我待，因为夜深人静更是我学术研究的黄金时间。在高校教书育人的30年中，我撰写了近20本书和堆起来与书桌同等高的论文。其中《公关语言艺术》《公共关系设计纲要》《体育公共关系学》《体育广告学》《企业策划思路与个案研究》均属我的开山之作。几百万字的铅字和满堂彩的讲课，为我带来了鲜花、掌声和诸多的光环。但我却在另一个领域超级低能、超级无知——我居然丝毫没有意识到长期熬夜、挑灯写作、超负荷演讲是在透支生命，是在走一条慢性自杀的路。所有的一切，说明我丝毫不懂"压力管理"。压力处理得宜，会变成一种动力，产生生命的活力。压力如果一直持续增加，会使得肾上腺、荷尔蒙出现很大的问题，引发免疫系统方面的疾病，问题就非常严重了。

跟压力关系最大的是癌症。有专家说，得癌症前的6个月，几乎都有重大的压力事件发生。癌症复发者，也都几乎在半年或一年之间有重大事件发生。压力最普遍的现象就是加重消化系统的疾病。压力一旦无法转换，首先会从生理上表现出来，所以，许多现代文明病绝对不是单一因素造成的，尤其不是病毒或细菌所造成的。

专家说，对待糖尿病、心脏病、高血压、癌症、哮喘、过敏，为什么光用药物控制不了？就是因为它们是一种综合性的疾病，它的引爆点就是压力。当然，还与饮食习惯、生活习惯、生存环境、处世心态等息息相关。在一块长久累积而形成的得病土壤上，等到某个重要事件的突然打击，病就终于生成了。

面对压力，关键是当我们遇到困难时，自己应该做出什么反应。人生的90%取决于你所做出的反应，而不是你所遇到的事情。成功的人生与失败的人生，他们所遇到的困难、挫折、挑战都差不多，差别就在于自己如何对此做出响应而已。

最愚蠢的响应就是我以前的做法：以拼命加班加点来减压，慷慨地、无情地占用自己宝贵的睡眠时间，通宵达旦，提前透支生命。美国最新研究显示，晚上开灯睡觉或熬夜是导致女性患乳腺癌的主要因素之一。早在2006年，英国的研究就为非自然光与癌症之间的关系提供了"首份证据"。研究人员认为，夜间的灯光妨碍了褪黑素的生成，而褪黑素在抑制癌细胞生长的同时，也会增强免疫系统。褪黑素是人的大脑松果体分泌出来的一种激素，对调节人的节律性、时差和睡眠有着重要的作用。褪黑素夜间分泌量多，白天分泌量少。

研究人员将乳腺癌的肿块移植到老鼠身上，并给这些老鼠分别注入取自清晨和夜间经电灯照射之后的老鼠血液。研究发现，清晨（也就是睡眠之后）的血液使癌细胞的生长速度减缓了，而电灯照射过的血液加速了癌细胞的生长。专家说，在白天癌细胞是苏醒的，而在夜间褪黑素会使它们处于睡眠状态。如果添加非自然光，它们就会"失眠"。而熬夜的人，往往因亮着电灯而无法制造褪黑素，久而久之让自己悄悄地增加了患乳腺癌的风险。

我在高校工作的30多年，革命加拼命，压力山大常熬夜，致使自己的褪黑素水平长期下降，于是，为若干年后乳腺癌的形成提供了第二个机会。

（三）少动多静，致使抗氧化能力缺乏

"少动多静"其实不是我的本质。在小学，我是上海市少年组三级田径运动员，60米短跑第一名，三级跳远第三名。四年级时，我在虹口游泳池培训班学会了自由泳、蛙泳和仰泳。到了中学，我是校跳伞队队员、田径队队员。"文化大革命"停课期间，我在虹口公园拜了一位老师，学习舞剑。可见，我从小就是一个好动分子。20世纪60年代末，我被分配到上海江湾化工机修厂工作。该厂地处近郊。我的运动就是骑自行车上下班，每天来回一个多小时，既锻炼了身体，也省了交通费。

可是，我好运动的基因居然会随着我的年龄增长而逐渐怠惰。特别是我到高校工作后，不知不觉就与所有的"运动"绝缘了。总觉得手头的时间不够用，只得把所有的运动时间都用来做学问了。为了讲课的质量，为了教材的编写，为了课题的研究，为了前方设定的目标，为了事事都要追求的完美……我就只能宅在图书馆、宅在书斋中，过起"雕塑"生活。

最典型的一次"雕塑"生活是在1988年。学校分给我两室一厅的新公房，我们终于从居住了13年的9平方米"鸟巢"中搬出来了，并有了一间朝思暮想的书房。书房朝北，冬天的北风在深夜肆虐得更厉害。那时也没有取暖设备，为了驱寒，我将一只装满热水的热水袋夹在两条大腿中间。几小时后，当我上厕所时，发现棉毛裤将大腿内侧的皮顺势撕了下来，大腿处顿时血肉模糊。我这才发现是热水袋的高温烫伤了大腿，棉毛裤与大腿皮粘在一起了。可见，我"雕塑"得如此全神贯注。

从此，我的身体状况印证了一句话：没有时间运动，就一定有时间生病。

自从我忙得每天不再有规律地运动了，人的气血也就此不畅了起来，脸

色越来越黄，体质也逐年下降，很多疾病开始慢慢光顾了：心脏病、高血压、乳腺增生、乳腺纤维瘤、萎缩性胃炎、慢性结肠炎、慢性盆腔炎、慢性尿路感染、慢性关节炎等。不说"百病缠身"，也起码是"十病缠身"，我的五脏六腑都亮红灯了，可我还是没有彻底觉悟。"小车不倒，尽管推。"直到2005年癌症找到我了，这才把我吓出一身汗，不得不放慢脚步，不再闯红灯，乖乖地停在斑马线上，听从健康"警察"的指挥。

回头想想，如果我能将小时候喜欢的运动，挑选一至两项坚持到现在，那我的身体状况定将改写。比如游泳、舞剑。其实，舞剑运动是我的最爱。它，似太极非太极、似击剑非击剑、似舞蹈非舞蹈，柔中带刚，优美无比。我记得练的那把剑是自己做的，我的那条"人造棉"的黑色练功裤也是自己裁剪并缝制的。那时我才18岁。直到现在，我还会梦到那把红黑两色的剑；梦见自己身着红色汗衫、黑色大腿裤、白色"回力牌"跑鞋在草地上舞剑。我搞不明白，为什么自己就没把这一喜欢的运动坚持下来呢？这世界上无法买到后悔药。说起游泳，这是工程院院士、国际著名医学专家汤钊猷教授竭力向癌症患者推荐的运动方式。他亲口对我说，你应该去游泳，这样，你的体质会更好。

我一直不敢去游泳：一是怕现在的游泳池水质差，不卫生；二是不知道自己现在的心脏是否还能承受。尽管我把游泳衣买好已经两年了。由于自己多年来的少动多静，致使机体的抗氧化能力严重缺乏。于是，就顺理成章地增加了我得乳腺癌的概率。而每天增加有氧运动是最好的预防与治疗癌症的手段之一。因为癌细胞是无法在充满氧气的环境中繁衍的，所以，每日必须运动，同时多做深呼吸以利氧气进入细胞层，氧气疗法是另一种击溃癌细胞的工具。

如今，我每天坚持一个多小时的散步。散步是最理想的有氧运动。它向血液中输入氧气，同时，血液又将氧气提供给身体的各个细胞。美国《纽约时报》曾刊登过一篇题为《研究发现锻炼能够预防乳腺癌》的文章，其中提及"适度而有规律的体育运动，能够将妇女在绝经前患乳腺癌的可能性降低多达60%"。2011年世界卫生组织倡议：每星期锻炼150分钟，以及健康的生活方式可减少三分之一患癌风险。所以，我们没有理由拒绝运动。

（四）从小爱吃肥肉，致使脂质代谢障碍

爱吃肥肉，这是我们家族性的爱好；从我祖父到我父亲，再到我儿子、我孙子，一脉相承。

20世纪60年代初，三年自然灾害时期，吃肉是要凭票的。那天，我家煮了一大锅黄豆炖蹄髈，这是我们全家向往了许久的。蹄髈皮自然是孝敬祖父的。可祖父舍不得一下子吃完，大约吃了两天。正值大热天，那时也没有冰箱，也许蹄髈皮有点变质了，但祖父执意要吃完，就这样他拉肚子了。就此，一蹶不振，两天后，他走了。那年祖父73岁，我13岁。祖父为了他的"最爱"，把命都赌上了。

我记得父亲每年冬至要吃一只蜜汁蹄髈，将红枣、桂圆、莲心、冰糖与带皮的大蹄髈一起慢炖。祖母说，这是很补的，但必须是一个人享用的。这期间，我会一直注视这只神秘的砂锅，真的有点馋，几次想偷偷尝一点，但怕挨打，终未下手。

我喜好吃肥肉，在朋友圈是出名的。我怀孕时，一碗饭要吃两三块大肥肉，在饭堂吃饭时，怕人家笑话我，我就把肉藏在饭底下，偷偷地吃。我的最爱是熟猪油拌白米饭，放些许盐，不要任何菜，可以吃上三碗。这个地球上，像我这样如此喜欢吃肥肉的女人，不知还有没有第二个。有人对我说，我们喝水都长肉，你喝油都不显胖，真是合算。

我对此得意无比，也就更加肆无忌惮地吃肉、喝油。这样的生活，我持续了近40年，全然不知已经"病从口入"了。油包肝，油的东西把整个肝

包住，肝就无法正常工作了，于是，体检发现我的肝上长了几个囊肿。当然，肝囊肿是我们家族中的通病，父亲和五个子女都有。直到我患了心脏病，血脂出现异常了，站在"黄河"边上，我才开始收敛，限制吃肥肉。可是为时已晚，医学检测，我已经形成了脂质代谢障碍症。这也是我患乳腺癌的重要原因之一。

美国国家癌症研究所研究员、著名癌症专家查尔斯·西蒙尼医学博士的文章明确指出：脂肪的摄入量与乳腺癌是有相应关系的。膳食脂肪（动物来源）在癌症中具有双重作用。它可以作为癌症的启动机制，也可以作为现有癌症生长的调节器。脂肪含有某些脂肪酸可刺激癌细胞生长，这已是被证实的。

患有乳腺癌的妇女，脂肪堆积在人体内，刺激脂肪细胞产生雌激素，这可能会刺激癌细胞的生长。从逻辑上讲，肉类的蛋白质是不易消化的，因为肉类的蛋白质需要大量的消化酶来消化，未消化的肉质会残留在肠内净化，从而引发有毒物质形成。癌细胞壁是被很硬的蛋白质包裹着的，因而节制食用肉类可让多出的酶去攻击癌细胞的蛋白质，这样，体内的杀手细胞就有空间去摧毁癌细胞。

一个全新的课题摆在我面前：如何把握饮食致癌与抗癌的对抗。我长期喜好荤腥的饮食习惯，致使肝脏被垃圾和毒素侵占和壅塞，造成肝脏能量不足，并累及脾脏的能量也不足，无法正常运化每天吃进去的食物，脸色也变得发黄。

根据中医理论，哪一个经络上（脏腑）的疾病会向哪一个经络上（脏腑）发展都是有一定规律的。古代名医张仲景认为：肝病会传到脾，脾病会传到肾，肾病会传到心，心病会传到肺，肺病会传回肝。所以，脏腑的疾病发展大多是线性发展的，而脾和肝往往是疾病的起点。

觉醒后的第一行动是：一定要先恢复脾的功能。脾好，肝就好。只有一个办法最养脾，就是五谷。每天将煮烂的五谷杂粮当主食，而且量一定要占总饮食的50%，养成这个习惯就是养脾的关键。所以，我对应该少吃主食或不吃主食的主张，不敢苟同。我从健脾入手修复肝脏，加速肝脏的脂质代谢能力。

（五）多年便秘缠身，致使肠道毒素堆积

40岁之前，我只有一种病：便秘。记得我读初中时，这个讨厌的便秘就跟随我了，三五天才大便一次。为此，母亲带着我到处求医，也没能彻底解决这个问题。其间，西药、中药、偏方都试过，甚至连"石蜡油"都吃过。检查下来，肠子并没有问题。所以，也就只能带着"便秘"过日子，日子过得很不爽。

我印象中祖父也经常便秘，我为他去药房买过果导片。父亲也有便秘的毛病，他一般用开塞露来解决。这样看来，我的便秘又是遗传的啦，所以，那么难治。果导片对我已经毫无作用，我不得不用很厉害的酚酞片，有时也用中药的大黄。我甚至怀疑，我肠子蠕动的神经是不是失灵了？我无知得可爱。

古人早就说过：许多疾病是"非天降之，人自为之"。疾病是人自身行为不当引起的。医学书中说，日常饮食喜好肉类的人，容易积存宿便。难怪我们祖孙几代人都有便秘缠身的顽疾，原来是我们的饮食行为所致。

我终于搞明白了：食物进入体内12小时，没有排出去，就会形成毒素。毒素没有及时排出去，我们的大肠壁就会吸收这个毒素，吸收以后，污染血液，透过静脉又送回肝脏，造成肝脏和肾脏的负荷，这个问题就很严重了。所以，肝不好跟大肠有直接关联，只要大肠一通顺，肝就好了，免疫系统也跟着恢复，而且送到心脏的血都是干净的，那就什么病都不容易罹患。现在看来，这小小的便秘实质是隐藏在我体内大大的定时炸弹，它是影响我

身体健康的最大的罪魁祸首。

美国的《科学》杂志指出：乳腺癌与便秘有直接关系。因为便秘状态下肠道内会产生大量的梭状芽孢杆菌，这些菌群代谢产生和雌激素相似的物质，由于其靶器官是乳腺，因此被有机体吸收后起到和雌激素相同的生理效应。虽然人体内的雌激素可以与牛磺酸、甘氨酸结合而排出体外，但是便秘却会阻止它们结合。

医学常识告诉我们：人的一生中，要摄取大约 70 吨食物。这些食物从嘴到排出体外的通道，总共约有 10 米。这个通道我们称为"消化道"。消化道到处是褶皱层叠，布满了裂纹隙缝和犄角旮旯。如果体内垃圾得不到及时清除，它们将会在很多地方栖身，并引发炎症。而长期炎症不愈，就会导致大肠内长出息肉，以及增加罹患肠癌的概率。

从这一逻辑推理：炎症并非完全是病毒或细菌所致，其中最重要的源头居然是体内累积的毒素。我终于清楚了：腹部的一些慢性炎症是我长期便秘而导致的。治疗的思路不应该是服消炎药来消炎，增强肠道的排毒能力，彻底消除便秘，才是治本之路。肠道是人体内最大的微生态环境，它的正常或失调，对人体的健康和寿命有着举足轻重的影响。

日本科学家提出了"肠道年龄"关乎健康的观点。所谓肠道年龄，实际上就是随着生理年龄的增长，肠道内菌群势力分布变化的阶段反映，并作为一种反映体质状况的健康数据。可见，"肠道年龄"主要是以肠内菌丛中好细菌与坏细菌所占的比例作为判断依据。

我们的消化系统每天繁殖着无数兆的益菌与坏菌，累积在肠子内重达1.5—2公斤；益菌附着在食道上的黏膜细胞上，不让坏菌穿过黏膜细胞入侵身体，彼此相生相克以保持平衡。但事实却不像教科书上说的那么轻松。新生儿出生一两天后，随着吃奶、喝水，一些细菌便乘机进入体内，到肠道内"安家落户"，成为人体的终生"伴侣"。在婴儿时期，肠道内充满了双歧杆菌等有益菌群，随着年龄的不断增大，肠道菌群渐渐发生变化，有益的菌群逐渐减少。到成年时，它所占比例会从四成降到一成左右，而对人体有害的菌群则可能不断增多。进入花甲之年，有益菌群就只剩下 1%—5%。可见，肠道是我们人体第一容易衰老的脏器。而现代人的偏食、暴饮暴食、睡眠障碍、排便不规律以及便秘，都是加速肠道早衰的原因。

第三章

又遭遇带『死』的疾病

再次面临 "To be, or not to be?"

自从 2005 年 4 月左腿股骨颈骨折手术后，我一直遵循医嘱，三年内每年一定要拍一次 X 光片，监视股骨头的情况。如今不知不觉地熬出三年，终于松了一口气，我的股骨头不会坏死了。正当我庆幸自己又逃过一劫时，灾难降临了……

2008 年 11 月 30 日，深秋的寒夜，睡梦中的我，被一阵很有分量的痛击醒，意识告诉我是双侧髋关节剧痛！双侧髋关节，这不就是股骨头的所在地吗？股骨头怎么会剧痛？难道它终究还是坏死了？这可怕的信息好似一壶冰水从我头顶的百会穴灌下。我马上紧了紧被子，又按了按肩膀上的被头。

此时窗外，风刮得呼呼响。我一阵哆嗦，一阵痛……

我开了床边的台灯，两眼望着天花板，睡意全无了。心想，我的股骨头已经过了危险期，它绝不可能坏死的。我掰着手指在寻找充分的理由。

首先，我严格听从医生的话：平时双腿或双手都不过分负重，每年拍片监视。特别是 2008 年 5 月（股骨头坏死的关键性时间节点——三年）的拍片检查，医生并没有告知股骨头有坏死的迹象，怎么转眼六个月就会迅速下滑至"坏死"的深渊呢？

我清晰地认为，任何疾病的发展都有一个量变到质变的过程。这三年，我的股骨头一直处于现代最先进的医学仪器的监控下，它怎么可能出现跳跃式病变呢？不可能，绝对不可能！想来想去，这条理由是成立的。

此时，被窝内的我，顿时觉得暖和了些许。

其次，三个月前，上海市疾病控制中心邀我去做体检。结果，让我大为惊喜的，不仅是我的各项指标均正常，我的两个骨密度指标也从原先的"红灯"区分别上蹿到"黄灯"区和"绿灯"区。一个近60岁的女性，骨密度不降反升，医学解释当然应该是：骨骼的状态是理想的。一个拥有理想的健康骨骼的人，难道她的股骨头会轻易坏死？答案当然应该是否定的。这第二条理由，也不能说不充分吧。

这时，有点得意的我感觉身子也热了起来。

还有一条理由就是用膝盖也想得出来：我的股骨颈骨折是左腿，要是坏死的话，那也应该先坏左腿，如果左腿先感到痛，那还说得过去。而那条没有外伤的右腿，是没有理由陪伴左腿一起参加痛的。现在我是双侧髋关节都在痛，根据我头脑中所储存的医学知识判断，结论不应该是骨头坏死而应该是坐骨神经痛。已经是当奶奶的人了，平时身上有点神经痛，还用得着如此紧张吗？我笑自己，太过敏感了。

于是，转身把台灯熄了，继续睡觉吧。

一阵痛，又痛醒了我！痛的位置不变，还是刚才的髋关节。这种痛很沉重、很有深度，这是一种难以忍受的闷罐子似的钝痛。于是，一个毛骨悚然的意识蹦了出来——难道是乳腺癌骨转移？！因为我曾从有关资料获悉：骨转移的痛就是钝痛。

我的手心在一层一层地渗冷汗：心速几乎每秒达100次以上，头开始从脖子上的两个风池穴向头顶发胀……

这些症状不知道是痛出来的，还是吓出来的？股骨颈骨折和乳腺癌，这两种疾病在我身上确诊的时间相差三个月。这3年半来，我从人生的边上加速折返跑，一路保持着较良好的竞技状态。可今天为什么要让我吃"红牌"？我哪儿犯规了？

我盼望：天快点亮，我去找"裁判"理论。

上海岳阳医院骨科门诊室。

"你是双侧股骨头坏死，不是骨转移！"骨科医生看完我刚刚拍的片子，肯定地说。"那为什么右腿也会坏死呢？"我不明白地问。医生说，这是因为机体的代偿失调引起的。

"代偿失调"这医学术语，我一下子还听不太明白，正想问，就听见医生在对我说治疗方案："先手术，把三根钉子拔掉，改善一下血供，阻止它进一步恶化。但需要卧床一段时间。下地走路时必须挂双拐。观察半年，如果失败，就置换人工关节。"

我带着医生"先保守以观后效"的建议回家。去医院的时候，我还是走着去的，可回来的时候，我是怎么也迈不开腿了，双腿像灌了铅似的，沉得提不起来。于是，我只得打的回家。

家，空空的。空空的家中坐着一个发呆的我。

股骨头坏死或乳腺癌骨转移，这任何一种诊断结果，对我来说，都是一种灾难。但相比较而言，股骨头坏死的灾难性稍稍轻一点，它毕竟不是一种要命的病。但其治疗却是一个世界性的难题，被称为"不死的癌症"。所以，医学界对此病普遍采用休克疗法，即置换人工关节。

为什么灾难总是不依不饶地缠着我？不是有一条真理叫"善有善报，恶有恶报"吗？那为什么我这个不恶者，却屡屡难逃厄运呢？

又一个大病横在我面前。

现在怨天怨地都无济于事了，还是要回到现实中来。于是，我拿出记事本，计划着我目前必须要做的功课，就像当初对待乳腺癌一样，跑步进入治疗股骨头坏死的医学知识领域，让自己具备与医生对话与选择治疗方案的能力。

快速上网。

搜索股骨头坏死的各种中西医治疗手段，包括民间流传的。并将其下载，装订成册。这些资料对我来说是不可多得的，它让我思考，"他山之石"能否为我所用？

看专业书。

在网上，订购有关股骨头坏死的专题医学书籍，这对我也是多多益善。可惜这方面的医学书不多。对我来说，学习专业书，是为了让自己搞清股骨头坏死的发病机理，而不至于陷入糊里糊涂的治疗。肖正权医生的《股骨头坏死病学》，让我如获至宝，几天内，我已经反复看了三遍，它成了我今后治疗的工具书。

海选专家。

通过各种渠道，或上网，或人际沟通，搜集上海著名的治疗股骨头坏死的医学专家名单，尽可能地了解他们的业绩，然后确认其中最有拜访价值的三位。在"专家"和"总经理"呈现名片化价值的当下，我对医学专家还是颇有点肃然起敬的，毕竟"医生"是个神圣的职业，专业程度甚高，不是那么轻易可印在名片上显耀自己的，医生要承担的是他人健康与生命的责任。

我的病情在发展，腿越来越痛，但我依旧痛并"跑步"学习着。家里人很不理解，你已经痛成这样了，不去医院看病，却在家看书，你脑子进水啦？但我心里明白，这点功夫是不能不下的。不学不知彼，知彼才能更好知己。这绝对比"乱投医"强！

学习让我明白，股骨头坏死的治疗总体分两类：一类是"零件置换法"，通过手术将你坏了的股骨头换下，装个人工的股骨头。这种"休克疗法"是西医比较推崇的，理由是对这种不可逆的疾病，采用"革命性"的手段，毋庸置疑。且术后几天即可下地走路，此方案医患双方都很愿意接受，因为简单、有效。而且这类手术也很成熟了，就是费用有点贵。

另一类是保守疗法，保留原有的股骨头，通过各种手段，活血化瘀，建立新的侧支循环，改善股骨头的缺血状况，以此逐渐使其恢复一些活动功能，提高生活质量。此方法，治疗疗程很长，一年、两年，甚至更长；且疗效也不确定，因人而异。但治疗期间对人体的伤害较小。这种疗法是中医的擅长，特别是针灸和推拿。

　　当我将股骨头坏死的治疗知识扫盲完毕后，开始踏上寻访专家的路。

　　"你患的是双侧股骨头坏死，最好的办法是趁早将两侧的髋关节置换成人工关节，否则，到后期，你想换也换不成。"这是我分别拜访上海的两位西医骨科专家的一致意见。他们都强调两个字"趁早"。因为越拖到晚期，自身的骨质量越差，置换的预后也越差。当我请教他们能否用中医的针灸推拿做保守治疗时，两位西医骨科专家对我提的这个问题，都是同一个表情：笑笑，不予回答。

　　第三位专家是我在网上搜索的，江苏南京的骨科老医生，70多岁，目前是中国专门研究股骨头坏死保守疗法的权威。我对他，充满了期待。他现在是上海一家民营医院的顾问，每周看半天门诊，我在网上预约了他。

　　老专家看了片子，摇摇头，说道："股骨头坏死的一二期，也就是早期，患者一般是没有主观症状的，当然，X光和磁共振都可清晰呈现病灶。而你的片子显示已经第四期，再发展就到致残期了。""那我能用您提倡的那种保守治疗方法吗？""可以。"但当我告知他，我还是身兼三年半的乳腺癌患者时，老专家却犹豫了。就在此时，旁边有两位操着外地口音的"白大褂"赶紧跑到我面前，对我说，交500元押金吧，登记病房，三天内入院，如三天内不入院，押金不退。

　　这就是我看到的民营医院，我选择离开。

　　我面临的是一种不可逆的病，其选择犹如哈姆雷特的经典台词："To

be, or not to be?（生存还是毁灭？）"因为它攸关我股骨头的生命。

病情任着性子在发展，痛得我脸色蜡黄，人又紧了一圈！

经过一个多星期的走访医生、阅读专业书、查找有关资料，我像以往做学术课题一样，开始进入全面思考、谋篇布局阶段，脑海里治疗我股骨头坏死保守方案的初步框架基本形成了。

一天晚上，好友汪泓和黄平来慰问我。一进门，我招呼她俩坐下后的所有行为令她俩觉得我有点反常。我立马拿出一张纸和一支笔，脸上的神态居然写着"兴奋"，说话的音量起码提高了三度。我少了朋友见面时必要的寒暄，心无旁骛地在纸上迅速地边画边说："你们看，一个冠心病人，每年如果有两到三次心肌缺血发作——当然不能是心肌梗死，十年后，他的冠心病虽然存在，但不会致命。因为他心脏周围的毛细血管的网络建好了，就是医学上说的建立了'侧支循环'，从而解决了心脏的供血问题。"

我停了下，瞄了她俩一眼，她们的眼神告诉我她们的疑惑：你今天怎么啦，给我们上心脏病的课？

"这是昨晚从我的脑库中调出的信息，它是我以往在一本医学杂志上看到的。我发现它可以移植到我今天治疗股骨头坏死的思路上来。我的股骨头是缺血性坏死，是因为血供差引起的。如果我能用上面所说的迅速建立股骨头周围的'侧支循环'，从而解决供血问题，并使其建立的速度大于坏死的速度，那我就必赢无疑了。当然，最好的甚至是唯一的办法就是综合运用中医的针灸、推拿等手段，迅速通筋活络，打开血供的通道。"

我一口气说完这一大堆话，停下手中的笔，开始观察她俩的反应。

黄平是医生，对我的那番话，报以职业的微笑，寓意不否定也不肯定。因为她深知我这个病的难治程度，并不是我想象的这么简单、这么轻松，况且整个治疗过程还会遇到许多的不确定。

而汪泓是大学校长，以理性思维见长，我刚才的一番逻辑推理，她点头表示赞同。所以，我又得意地 go on 啦，继续着我的音高："我想建议医院成立一个医疗小组，骨科、推拿科、针灸科、康复科各派一名医生，再加我，五个人一起开个会，制定一个整体治疗方案，我们会成功的。"

我越谈越眉飞色舞，我的精神强烈地主宰着我的肉体，尽管此时髋关节正在阵阵地痛、阵阵地痛……

后来的事实，证明我当时的"眉飞色舞"确实太理想化、太想当然了，甚至有点"自说自话"：凭什么医院要为我成立一个医疗小组？太拿自己当回事了吧！30 年前，我当过校长，那种居高临下的职业遗风，每每还会透出来，经常犯越位的错误。

现在的我，应该把精力放在与每一位为我治疗的医生的充分沟通上，而医疗小组的组织架构对我来说其实是不重要的。

我无奈地又坐上了轮椅，这是我没有选择的选择；我决定选择走中医治疗的路，这是我有选择的选择。我将要为自己的这一选择，承担所有有可能发生的后果。

我开始盘算着各种可能。可能一，我从此不能双腿走路，成了桑兰，成了张海迪，成了霍金。我愿意吗？愿意。只要我头脑还好使，当个残疾人作家，同样可以精彩生活。

可能二，我从此要挂双拐走路，成为一个四条腿的人，我愿意吗？愿意。因为能走路总比坐轮椅方便。

股骨头坏死所形成的股骨头塌陷，理论上塌陷多少，腿就会短多少。所以，可能三就是我从此跛脚，成为跛脚女人，我愿意吗？愿意。因为跛脚总比挂拐杖显年轻。如果是这种后果，那就是我最好的结局，到时我会去皮鞋厂，定制一双特制的鞋，那就有可能连跛脚也看不出来了。

我把所有可能预见的后果都考虑周全了，无后顾之忧地踏上了我的治疗之路。

Q&A

秦　畅：我亲眼见证了您从患股骨头坏死到治愈的整个过程，看到您从坐轮椅、拄拐棍到最后能摆脱它们，行走自如。其间的治病思路也是和您当初治疗乳腺癌的抓"病因"一样吗？

潘肖珏：2008年我面对的是另一个"极品"病：双侧股骨头坏死。在所有专家规劝我尽早置换人工髋关节的时候，我却在寻找引起股骨头坏死的原因，即寻根，而不是简单地将"结果"置换了事。

我明白，如果不在病因上着手，即便是今天将"结果"除掉了，那明天还会有新的"结果"出现。不解决"因"的问题，"果"必然会卷土重来。

我患的是缺血性股骨头坏死，股骨头是因缺血而坏死的。如果能够在一定的时间内迅速建立股骨头周围的侧支循环，就可以改善股骨头的血供，让它停止坏死，甚至起死回生，这就是我当初治疗股骨头坏死的思路。

我治疗这两个世界性难治疾病的思路都是从病因着手的。换言之，只要迅速找到去除"因"的途径，"果"就无法导致。"因"和"果"不能倒置，这是最简单的道理。但这么简单的道理，当人们自己真的患了病的时候，竟然会说服不了自己，而死死地穷追猛打那个"果"，以至于"赔了夫人又折兵"。

与保姆、名医、的哥的遭遇战

在我即将踏上治疗之路时，我必须完成两件事：选保姆和选医生。人说，当下社会选保姆比选丈夫还难。难，我也得选。因为对坐着轮椅独自生活的我来说，是没有选择的选择。保姆中介所给我推荐了五位保姆，到我家让我面试。

她们都来自浙江农村，是一个村上的。当五张面孔一起扑向我的眼睛时，我已经心有所向了——穿着半高靴、系着格子围巾、白净的鹅蛋脸，笑起来有点"电"，全身上下一点泥土味都没有的那位，她与另一位30多岁的同龄人并排而坐，二者对比，着实让人感慨什么叫"天壤之别"。心想，这种保姆带出去，蛮出风头的。我煞有介事地履行完面试程序，然后宣布：录用我心仪的那位"鹅蛋脸"。我让"鹅蛋脸"明天一早来我家上班。

可是，过了两个多小时，"鹅蛋脸"就来电话跟我说，她干不了保姆，让我选其他人吧。我问何故？她说自己在家乡是承包鱼塘的，干得很好，家里经济条件在村上摘冠，但从来没有出过远门。这次结伴来上海，是想来见识见识，玩玩的。"那你为什么来面试？""我来看看面试是咋回事。"

我晕。

"鹅蛋脸"事件让我尝到以貌取人的后果，接下来，我矫枉过正，马上决定录取那位刚才与她并排坐的、脸蛋最难看的小刘。小刘上班的第二天，陪我去做 PET/CT 检查。检查完毕，差不多 3 个小时。上午 10 点，在返程的路上，我发现事先帮小刘备好的早餐，她居然没吃。问她何故，她说，潘老师，你检查结果没出来，我吃不下早饭。

我超感动，"这人良心真好！"而后一想，我与她才接触了一天，就会有如此深厚的阶级感情？觉得她未免有点矫情。

后来几天，我又发现小刘的早餐总是选榨菜、淡馒头。我思忖，小刘早上是吃素的？回答：否。她说，你生病要花很多钱，帮你省着点。如今还有这样的保姆？她让我想起《巴黎圣母院》那个敲钟人卡西莫多，并让我的感动如火堆里浇了油一般腾地升了起来，汗颜自己很小人，将人家的一片善心误认为是矫情。

4 个月后，小刘必须回家了，农忙要开始了。村上凡是外出打工的，都把地承包给她家了，所以她家拥有近百亩地，足够评上"地主"了。社会主义新农村的"地主"，不是管雇农的，而是管机器的。她和丈夫将去租用收割机下地收割。

小刘走后，我家的保姆有点像电视剧《田教授家的 28 个保姆》那样，车轮大转地更换，但再也换不到像小刘那样的保姆了。

选医生的过程不比选保姆顺利，也够得上是一波三折了。朋友小徐，向我隆重推荐她的亲戚，一位 70 多岁的上海二甲医院的退休老针灸医生。他的特长是"打针不留针"，一针扎下，你当即会感到一股热流通向脚底，此时的针其实已离开你的身体。老先生的这种针法，一般脊柱性的疾病，只需扎几次，顽疾即可消除。所以，慕名前去他家治疗者络绎不绝，可谓"良医之门多病人"。

老先生医德高尚，尽管自己也已是耄耋之人，对腿脚不便的患者，却还愿意出诊，市区出诊费仅收 100 元，只够来回的出租车费，但老先生还是乐此不疲。小徐说，潘老师你坐轮椅，外出不方便，老先生决定为你出诊。

我觉得自己真是挺幸运的，又碰到一位让我感动的好人。

出诊前，我与老先生通了一次电话。"我患的是双侧股骨头坏死，已经不能下地走路了。""多长时间了？""刚刚确诊，片子显示第四期。""你多大年龄？""58岁半。"我突然想起，还应该告诉医生我的全身情况，"医生，我还是个乳腺癌患者"。

电话那头迟疑了，随即，老先生说："你的病我治不了。抱歉，我有病人来了，就这样吧。"电话中我确实听见了他家的门铃声。

我手里拿着"嘟、嘟、嘟……"声的电话听筒，心口感到一股突如其来的堵。转而眼前出现的情景是：一只彩色气球在空中被利器戳了一下，"啪"的一声爆了！破碎的气球皮，毫无方向地在半空中飘来飘去……

第二天，小徐来电，实话实说老先生不愿意接诊的原因：一是你的病不在肌肉，不在神经，而在骨髓，针灸治不了；二是你同时患有癌症，不确定因素太多，他考虑还是不接诊的好。

说实话，老先生的第二点顾虑，确实是可以理解的。不要让自己的一世英名，毁在一个原本可以完全不碰的病例上。但他说我的病针灸治不了，我不同意。

老针灸医生和我的故事，结束了。

我心中燃烧的希望之火，被水溅着了，火苗暗了下来，但没有熄灭。我明白了：我的中医治疗之路，不是一条闲庭信步之路，也不是一条起点和终点都很分明的跑道。这是一条什么路？我虽然一时也说不上来，但我还是要坚定地走下去。因为这是我的选择，我必须为自己的选择埋单。

希望又来了！

又有朋友向我力荐一位60岁的推拿医生。几年前，这位推拿医生用手法和内服药治好了他公司老板股骨头坏死的毛病。现在那位老总虽然腿有点跛，但免去了置换人工关节这一劫，零件总是原配的好。朋友帮我约了那位推拿医生，说好第二天下午到我家为我治疗。

我提前一小时把空调和取暖器打开，把卧室的床调整到适合按摩的状态，并准备好推拿医生的点心和事先谈妥的酬金，还一再嘱咐我朋友安排好医生的接送……

这一切都沾着我的期盼、我的希望。这一切也沾着我的感激，对那位推拿医生和我的那位朋友。"潘老师，不好意思，推拿医生临时有事，来不了了，改期吧！"朋友在预定时间前15分钟给我来了电话。

计划赶不上变化，临时有更重要的事而改变原先的计划，这种情况，我们都遇到过，所以，我很平静地接受这一爽约。在以后的几天中，我和推拿医生约了三次，但一次都没成行。其间，我将股骨头的片子给他看过，也和他通了一次电话。电话中，他声音很和蔼。为了增加他为我治病的兴趣，我将自己的新作《女人可以不得病——我的康复之路》也快递给他。但还是没有如愿。

两次被医生拒绝，我的心绪被摔到了"跌停板"上，我张大嘴巴，望着快熄灭的希望之火……那位推拿医生不愿给我治疗的最终原因，我至今不明白。

我明白的是：不再找名医了，因为名医们顾虑太多。

"为什么你老喜欢经私人介绍的医生，而不去医院找医生？"家人不解地责问我，并说我是在犯低级错误。我不予反驳。因为他们根本不了解"行情"。市面上对股骨头坏死这一疾病的保守疗法，唱主角的是民营医院。而民营医院的种种作为，实在让我放不下心。我们的公立医院对股骨头坏死这一疾病，除置换人工关节以外，对其他保守疗法的热情始终不高。所以，我就热衷于找"口碑医生"了。

当然，家人的责问，提醒我聚焦一家很熟悉的三甲医院——上海中医药大学附属岳阳中西医结合医院。

这家医院门口挂了好几块铜牌，其中令我关注的是上海市针灸经络研究所和上海市中医药研究院推拿研究所都隶属于该院。看来，针灸和推拿是岳阳医院的品牌。这真是众里寻他千百度，蓦然回首，那院却在我附近。

我打听到一个好消息：岳阳医院时任推拿科副主任孙武权医生曾经用推拿手法治愈了一位股骨头坏死的患者。我立即发短信向"60后"的孙医生求救！

孙医生短信反馈我：

单纯性的股骨头坏死或骨折后遗症，手法有一定的效果。肿瘤未转移到推拿部位，手法也可以做。这类病只有个案，经验不多。

坦诚、谦虚的孙医生接受我了。

人可以承受灾难，但人不能承受没有希望的日子。

我激动地望着又冉冉升起的希望之火……我的希望之火，还真是旺起来了！

我又搜索到一条重要信息：该院针灸科有一位"50后"的副主任医生韩建中针法很绝！

韩医生听我述说病情后，没有拒绝我，也没有给我更多的信息，只是对我说"先止痛吧"。2008年12月15日，我踏上了针灸推拿的中医治疗之路。

一次治疗的回家路上，我被"的哥"拒绝了。

那天下午4点左右，我在医院做完针灸治疗，准备回家。外面突然狂风大作，我让保姆小刘出去拦出租车。她将坐在轮椅上的我推到门诊大厅的玻璃门内。

门诊大厅的玻璃门正对医院大门，距离有20米左右。我向外看去，天色灰暗灰暗的，像是要下雨了。树枝被寒风刮得一阵一阵地往单边倾斜。

医院的门口站满了就诊后出来拦出租车的人，医院门前的那条小路是单行道，所以，站着拦出租车的人，头部姿态高度一致：脖子向左转，焦急地盼望着空车的到来。

我看见一辆"大众"来了，几个人同时甩掉身边的病人，箭步涌上，几只手又同时握住了门把手，一番争执后，只见一个穿大红滑雪衫的高个男人坐上了副驾驶位置，随后一个穿黄色皮风衣的女人在迅雷不及掩耳之时拉开了后座的车门，一屁股坐上，并迅速重重地关上门。随后，"大众"扬长而去了。失败的人们，又退回到刚才的位置，恢复刚才的形态。

在那场争夺中，我家保姆小刘始终站在原地一动不动，我猜想，刚才"夫前妇后"的一幕，她是看呆了。十几分钟后，一辆红白色的出租车来了，我看见小刘加入了争夺的行列，但她立即被众人挤了出来，这回，她似乎又给弄傻了。但我清楚地看到她败下阵来的原因是：她不知道在迈开腿的同时还要伸手去抢车门把手。干这种事，人必须要脚快眼快手快，潜规则是：谁先握住车门把手，谁就拥有租这趟车的权利。所以，但凡温良恭俭让者在这道风景中，就只有退居后席的份儿了。

雨越下越大，早上天气预报明明说是半夜有雨，这鬼天气，怎么就提前了呢？害得我们都没带雨伞。好多在医院门口等车的人纷纷回到门诊大厅躲雨，嘴里不停地抱怨，我耳边噪声一片。

突然，我看见雨中的小刘奔跑着进大厅："潘老师，有车了！"不由我细问，她赶紧把我推出大厅，只见一辆没有顶灯的小车，正开着门，等我上车。我坐上副驾驶位置，小刘将轮椅放置在车的后备箱。中年驾驶员操着标准的上海话问我去什么地方后，车子就启动了。原来这是私车，人家雨中救急，我不忍心称之为"黑车"。当时，心里很感谢小刘，别看她平时有点呆头呆脑，但关键时刻，脑子还是蛮活络的，居然会找到一辆车，让我们能回家。

没几分钟，车子就到了弄堂口，令人没想到的是司机居然死活不肯开进去，非要让我们在弄堂口马上下车。我竭力苦苦哀求："师傅，麻烦你开到我家大楼门口，行吗？你看我腿不方便，现在外面风雨交加，我们又没有伞，我是病人，不能淋雨的。"司机却毫无商量余地，因为下雨天是他赚钱最好的机会，他要赶回医院继续拉客。于是，硬将我的轮椅拿下来。

我无奈地放下车费，小刘赶紧搀扶我下了车。没等我坐上雨中的轮椅，司机竟心安理得地一溜烟将车开走了，双腿还没站稳，就被车轮溅起的一串水花打湿了裤脚。突然被人扔在冰冷的雨中，我委屈得哽咽，一股莫名的自怜嵌入骨髓，无情的雨水打在我眼镜的镜片上，滑落进我的嘴里，一股苦味。

21 世纪的无车族有点苦，风雨中的残疾病人更是苦！弄堂口到我住的大楼还有近 200 米的路，中间要经过两幢 18 层高楼的 20 米间距。每到冬天，西北风一刮，这高楼间的风力可达 12 级以上，这种"穿堂风"简直可以刮倒在此行走的人。

雨中的小刘跑步推轮椅，但飓风般的"穿堂风"让我感到她根本无法加速。大风夹着冷雨，劈头盖脸地朝我们打来，我虽然屏住呼吸，然而嗖嗖的冷风还是直刺我轮椅上的一双病腿。

"啊！"我和小刘同时尖叫——我差点从 45 度倾斜的轮椅上摔出去。原来，轮椅的左轮子碰到了地上的一块三角石头，跑步推车，再加上雨天路滑，轮椅瞬间就倾斜了。如果真的就此摔下来，我那两个坏死的股骨头，就要彻底粉身碎骨了，我完了！

"呜呜……"吓得我们只有哭声，我和小刘都哭了。后面 100 多米的路，小刘推得很慢，也许她已经吓得没了力气。

冬日的黄昏，一个保姆推着一个坐轮椅的病人，沐浴在寒风凛冽的雨中，我们浑身上下都被冰冷的雨水打湿，雨水顺着打湿的头发流进眼眶，交织着泪水流入嘴角……

当晚，我发烧了。小刘也病倒了。没想到，我在治疗的征途上还会有如此遭遇。

此路布满荆棘，自己选择的

当我踏上了世界性难治病的治疗之路时，才明白此路虽不是畏途，然，的的确确是险途，一路上布满了荆棘。

2009年清明后的第三天，那是我持续治疗的第四个月，我的双腿和腰都发生了难以名状的酸痛，髋关节更甚，小腿部和脚背胀痛，时而感到腿重，时而感到腿软。而且心脏的老毛病也参加进来，心悸心慌伴头痛。一系列的身体不适，让我整夜失眠，面色土黄，一张标准的病人脸。如此强烈的反应，居然连续肆虐了五天，还看不到一点点收敛的迹象。

对此，我的神经不可能不紧张，脑子里蹦出一连串的可能：可能是乳腺癌骨转移？这根神经是一有情况就会跳出来的，因为我是一个戴着"桂冠"的人。但凭我现有的医学知识判断，此种可能性似乎不大。

那是股骨头坏死的病情恶化？目前正值治疗的关键性阶段，难道我保守治疗失败了，病情掉头向下了？这种可能性似乎最大。

也可能是哪种治疗手段不合适？如果真是这样的话，当然解决起来最容易，做减法就是了。消除紧张最好的办法是——排除这些可能。

我马上去医院做了一些血指标检查：肿瘤标志物全部正常、碱性磷酸酶也正常，这就基本排除了乳腺癌骨转移的可能。

我用肖正权《股骨头坏死病学》中的重力试验法测试：正站立位，双脚分开，距离 50 厘米，站立 10 分钟，体察股骨头部位是否有疼痛症状。我多次试验，并延长站立的时间，结论是否定的。那也就可以排除股骨头病情恶化的可能。

我又罗列了正在进行的六种治疗手段：针法、灸法、手法、中药内服法、床上康复法、食疗法。实在没有理由说是哪种手段会导致如此剧烈的疼痛。

我自己找不到答案，于是启动了求医程序。

我用我的方式"会诊"，也就是电话咨询有关医生：

中医彭坚医生认为：季节更替与体内寒湿所致，在内服药里增强驱寒湿的中药。

推拿孙武权医生认为：根据他的临床经验，此情况可能是季节因素所致，随访。

推拿刘玉超医生认为：凭他的触诊体会，体内寒湿所致不明显，但关节灵活度确实不如先前，继续观察。

悬灸专家认为：这是多种治疗手段所产生的累积效应，即作用到深部，涉及"瘀阻"的反应。建议：增加悬灸频率，把深部的东西挖出来。

针灸韩建中医生认为：正邪相争在节气更替时表现更为明显，治疗以针刺手法加温针灸为妥，加强经络温通。

髋关节专科医生建议：增加牵引治疗，另外拍 X 光片检查。

六位医生的"会诊"意见给了我一个重要的信息：不是病情恶化！于是，我给自己梳理了思路：

第一，坚持吃彭坚医生的中药；

第二，每周减少一次悬灸，每天减少一次"远红外"足底理疗；

第三，针灸推拿照旧；

第四，少说话，养心气，练洗髓经，增加髋关节的床上康复运动；

第五，观察一周。

2009年4月13日上午10点，我突然感到心跳加快，头脑发热，双腿的髋关节内放出一股强强的冷气，很冷很冷，好像体内有一只超大型的鼓风机，对着我的腿猛吹，感觉自己腰部以下身体是"冰"的，上身是"火"的，整个人好似阴阳两极。我马上仰面躺在床上，深呼吸、深呼吸……

此时，躺在床上的我，望着天花板，嘴里喃喃自语：身体的这些奇怪现象，是祸？是福？我一阵紧张。大约5分钟后，双腿髋关节的冷气开始往下排，排到膝盖处，冷气驻扎了大约3分钟后又往小腿排，随后慢慢排到脚背，缓缓排出脚底。我手心有点黏黏的汗，心脏和头脑又开始恢复到正常状态，整个人好似刚跑完马拉松，全身软瘫，累啊……这个奇怪的过程大约持续了近40分钟。

我想下床，挂拐杖开步走时，感到髋关节处好像有点针刺感，而这种针刺样的感觉，却让我异常地舒服，迈腿时的双脚，感觉比先前有力了，而且还多了一份久违的轻松。看来，是福！产生这一福的机理是什么？我不知道。

我把上午发生的事，一一告诉了我的医生们。大多数医生像听故事一样，因为他们在临床上从来没有碰到过，所以也没怎么点评。但孙武权医生的话，却证实我这一现象是福音！"潘老师，这是好兆头，可能是一种排病气的现象。我最近两年接触了一位民间推拿高手，给人治病就是通过拍打或隔空施用手法，引导冷气或热气排出。一般严重的病，排出的气要么是灼热的，要么是冷的，随着病情变化，气的温度会上升，如果与体温一致或无气出来的感觉，说明病好了。你放心吧，好事。"

"排病气"，这三个字让我开始寻找出现这一现象的合理性。我们可以想象：被垃圾堵住的房屋下水管是不畅通的，但如果遇到特大的暴雨，那些垃坂就会被巨大的冲击力顺势冲下，下水管瞬间就畅通了。股骨头坏死的患者，其经络就像房屋的下水管被堵住一样，是闭塞的。我的一位陈姓朋友，说我比喻不当。下水管有"经"无络，是无生命的。他说曾在广东见过一片香蕉田，因为主水渠堵塞，香蕉田日渐枯萎。后来及时将那个水渠疏通，放水灌溉，香蕉田又重现生机。我觉得老陈所说是从另一个角度，佐证我的这种"排病气"现象的合理性。

经过三个多月高强度、密集性的六种手段的综合治疗，体内正孕育着一场巨大的暴风雨。这暴风雨就是我体内积聚的那股"正气"。这可贵的正气，就是打开我股骨头经络的第一推动力。而第一推动力不是一蹴而就的，它需要一个漫长的量的累积过程。特别是借助天时——清明节气推动了一把。

我记得刘玉超医生说，春季阳气回升，但较弱。而且春寒料峭，忽冷忽热，然至清明，天清地明，阳气较盛且稳定，你的第一推动力就爆发了。4月8日到4月13日，在第一推动力即将爆发之际，会时不时地刺激闭塞的经络，于是身体就天经地义地"不通则痛"了。直到第六天，巨大的"暴风雨"终于来了，垃圾被顺势冲破了一个决口，病气就此开始被排出体外，闭塞的经络得以慢慢地舒展。此时，一场正气压倒邪气的转折开始了。这样的转折，当然是我和我的医生们都期盼的呀！

清明后身体的那场转折，是我治疗征途上的一场阶段性但具有决定意义的战役，它证明我的治疗方向是正确的，但也预示着"路漫漫其修远兮"，长征尚未成功，世界性的难治病不会是如此简单的。

后面的日子，也有过几次类似的小体验，但总感觉"暴风雨"不大。原来这是可遇不可求的。

四

院士说"你颠覆了我"，
教授说"你是自己救自己"

2009 年 6 月 11 日，是我股骨头治疗半年后的第一次医学评估：拍片检查。我和我的医生们经过半年多的跋山涉水，今天是检验我们的路线方针是否正确的一刻。

从拍片室出来，我很紧张，"心"跳到嗓子眼。报告要 20 分钟后才能出来。我坐在韩医生的诊室，想让韩医生在我的郄门穴上扎一针，平平我那"咚咚咚咚"的心跳。

当然，此时我最希望听到的是："见证奇迹的时刻到了！"其实，对于今天的"判决"结果，我早就咨询过许多医生。

可能一，X 光片子维持半年前的"原判"，根本没有改变。他们告诉我此种可能性很大。因为我是骨质、骨膜、骨髓都出问题了，要想半年内片子有所改变，那这病就不是世界性的难治之症了。"潘老师，别去关注 X 光片子了，功能第一，感觉为王，舒服了，能走了，生活质量提高了，就行！"好几位医生都对我说着差不多的话，既是安慰我，又是在说一种事实。这种结果，意味着股骨头坏死的这一"桂冠"我将继续戴着。戴着，就戴呗！

可能二，片子开始出现好转迹象，哪怕是一点点，都说明治疗的路线方针是正确的。如果真是这样，那可是要放鞭炮的，特大喜讯！接下来就继续加油，直至到达胜利的彼岸。

可能三，片子显示股骨头坏死程度加剧。根据我目前的状况，好像此种可能为零。可见，不管是可能一，还是可能二，我现在的心都不应该是"咚咚咚咚"地快跳。但事实是：我的心就是平静不下来。

骨科门诊室。

骨科医生在读片灯前，仔细地看我刚拍的和半年前的两组片子，而此时的我却目不转睛地在看医生的脸：几秒钟过去，他的面部表情没有丝毫变化……n 秒钟后，他突然转过脸，笑着说："不一样，情况在好转，不容易啊！"

"啊！真的？"我居然会失态地摇着医生的手臂，高声反问。

平静了的心，又开始打鼓了。我的心就是如此脆弱。不，不能怪心，因为我遭遇的烦恼太多太多太多，心超负荷了。心太累！心实在太累！

我让保姆将轮椅推得快些，第一时间告诉为我治疗的功臣们：针灸韩建中医生，推拿孙武权医生、刘玉超医生、吕强医生，短信告诉远在长沙的彭坚医生，还有许多关心我的朋友……让大家分享这应该放鞭炮的胜利！

我们决定请第三方，外院专家评估我的 X 光片。复旦大学附属华山医院骨科俞永林教授送来了他的读片报告：

2009 年 6 月 11 日的片子对比 2008 年 12 月 1 日的片子确实有所好转：1. 股骨头表面略显光滑；2. 股骨头囊变区域似有骨小梁长入。

股骨头的骨质遭遇严重破坏，俗话称"坏死"，医学术语叫"囊变"，而我现在的片子所显示的囊变区域竟然有点点滴滴的"骨小梁"长入，那就预示病变的股骨头中有新生的组织了，股骨头的骨质起死回生了。换言之，坏死的股骨头有生命力了。有生命力的股骨头，对外影响骨膜（股骨头表面略显光滑），对内影响骨髓（骨髓质量提高）。

寻找自己 ● 每个人都可以是"奇迹"

得了一场病，让我又学了一点医学的专业知识。古代有许多医生，为了弄明白一些药的作用，往往"以身试药"。而如今我为求健康，竟是"以病探道"。

我问苍天：能不能让我以不再生大病的代价来学习医学知识呢？转而一想，这个问题的答案其实也简单：如果我能从此建立起一套有效的自我健康的管理体系，那我的学习成本应该是递减的。

经过半年综合性的保守治疗，能在 X 光片中有如此虽微小却是转折性的变化，西医认为"不可思议"，中医认为"合乎事理"，朋友们认为"奇迹总在你身上发生"，我认为"既是意料之中，又是意料之外"。因为我原本打算花一年的时间，可却足足提速了半年。

在以后的日子里，我仍旧延续六种治疗手段。吕强医生建议我，在目前的情况下，整体治疗方案应该略有调整：保持刺激总量不变，但要提高主动性治疗的频率，即针法、灸法、推拿法的治疗量稍稍减低一些，自我锻炼的负重量略增加，比如循序渐进地加大每天拄拐走路的量。因为长入的骨小梁需要一定的负重刺激量。

我遵医嘱，同时将中药改为食疗，以更好地保护脾胃。

2009 年 10 月，也就是治疗后的第十个月，我开始扔掉拐杖。2009 年 11 月开始摆脱轮椅。经过 11 个月的综合治疗，双侧股骨头四期坏死的潘肖珏，终于站起来了！

站起来了，什么感觉？爽！

对一般人来说，迈开腿往前走，这能叫幸福吗？还用得着放鞭炮庆贺吗？但对一个可能终身坐轮椅的人来说，行走自如这个愿望，不就是她心中的"人间"吗？

"萧瑟秋风今又是，换了人间。"

我将治疗股骨头坏死的全过程，写成一本《我们该把自己交给谁？》，这是继《女人可以不得病——我的康复之路》后的第二本纪实文学。此书出版后,我接到该书的责任编辑、复旦大学出版社的宫建平老师的一个信息:工程院院士、原上海中山医院院长、全国著名的医学专家汤钊猷教授邀我去见面,说汤院士想与我聊聊我治疗股骨头坏死的事儿。

天哪,我兴奋!

汤钊猷院士,是我非常崇敬的一位医学大家,他主动要见我,估计是看过我的书了,而且我可以肯定,他不是一般医生对待我这个成功病例的态度。

在中山医院专家楼 803 房间,我和宫建平老师应允敲开了房门。汤院士已经早早等候了。他健步迎上我们。时年 80 多岁的汤院士,看上去身板非常硬朗。

和蔼的汤老,让我陌生感全无。

汤老用心听完了我治疗股骨头坏死的全部过程,其间没有打断过我的陈述。而后说:"你治疗股骨头坏死的思路与方法,大大颠覆了我原先对这个病的治疗思路。我是拿了 60 多年手术刀的医生,太知道这个病的难治性。你用这种方法治疗,并临床痊愈,以后你只要不摔跤,不再发生次生伤害,你的股骨头坏死疾病,永不复发!"

汤老一句一句掷地有声的话,让我热血沸腾,浑身的细胞都在暖暖地流动,眼眶里滚着泪珠。这就是大家的胸怀与境界!这就是科学家的态度!

接着,我和汤老也聊关于乳腺癌治疗的看法,高度同频。这点我不意外。因为我看过他撰写的《消灭与改造并举》一书。一位泰斗级的西医医学专家反思几十年肿瘤治疗医学的历程,提出我国的癌症治疗必须要建立集中医思路、中药调理、运动处方、饮食干预和心理建设于一体的整合医疗模式,不能唯手术、唯放化疗,在整体观与系统观指导下的肿瘤综合治疗医学,才是出路。

本来，汤老的秘书对我说，见面半小时，可我们却聊了一个半小时。

终生难忘的一次见面！

感恩汤钊猷院士！

我遇到另一位医学大家是陆德铭教授，陆教授是全国著名的治疗乳腺疾病的中医专家。在上海，陆教授的专家门诊是一号难求的。

陆教授也是我的中医主治医生。一般我是两周去看一次他的门诊。在这期间，我会见缝插针地向他汇报我是如何用食疗、功法等自然疗法来康复的。每每都能得到陆德铭教授的首肯，而且陆老会把我说的这些方法向他的学生传授。

在一次聚会上，陆老当着所有人的面说："潘老师了不起，她是自己救自己。"我当时非常感动。

陆德铭教授与汤钊猷院士都是真正的医学大家，我在他们身上看到的是"大医精诚"！

Q&A

秦　畅：如果读者愿意试着去接受您的理念，该做怎样的准备？

潘肖珏：我认为，最重要的准备是心理准备。面对疾病，如果他的心理状态是极其糟糕的，那么即便是让他吃再好的补品和服顶级的药物，也是无济于事的。因为，心态是改变一个人免疫功能的最重要的因素。一旦精神趴下，那就回天乏术了！

诚然，当人们突然遭遇大病时，心中会有恐慌、有焦虑，甚至还会想到死，这些反应都是正常的。我也经历过同样的心理过程。但我们必须尽快自拔，因为这些不良情绪不但解决不了问题，反而会使情况雪上加霜。

明智的做法是尽快缩短这个心理挣扎期，从不接受到无奈接受，从无奈接受到积极面对，从积极面对到开心过好每一天。心净，才能心静。好好地活在当下！

我给自己的六个字是：知足、感恩、快乐。而后，选择适合自己的治疗路径，坚持走下去，迎接艳阳天！

第四章

求医虽非旅游，却也要攻略的

公关专家居然与医生沟通有点难

在求医的路上，作为一名公关专家的患者，医患关系的处理，确实也让我碰到许多尴尬，甚至无奈。其中是各种酸甜苦辣、五味杂陈。特别是我最初在股骨颈骨折的治疗过程中。

2005 年 4 月 8 日晚上 8 点。

医院骨科急诊室里，病人不多，给我接诊的是一位 30 多岁的女医生。她听我主诉后，让我先拍片。

10 分钟后，女医生看了我的片子，说："你左腿股骨颈骨折，还好没错位。住院。手术。打钢钉内固定。绝对卧床 120 天。"

她一口气说了 5 个句子，将我的病与整个治疗过程交代完毕。然后拿起笔，在准备开住院单时，才想起把脸转向我。

"医生，我不开刀，打石膏，行吗?"一听要开刀，我害怕，声音有些颤抖，近乎哀求地问。医生反问我："打石膏从腹部开始打到膝盖，卧床 3 个月，你说行吗?"我心想，这的确也是很恐怖的。

"那我就躺在床上 120 天，让断了的骨头自己慢慢长。"我还是害怕手术，所以回答得有点幼稚。"那你签字，将来股骨头坏死，自己负责!"

这"股骨头坏死"的"死"字，听着让我更害怕，女医生突然转脸对着我，"如果你同意住院开刀，我可以安排我们的骨科主任主刀，他是刚从上海长征医院骨科调来的"。显然，说这话的语气温和多了。

长征医院骨科在上海是著名的，再加上主任亲自主刀，这两条信息增加了我对这家以中医为主的三甲医院手术的信任度。但我身体有诸多的基础性疾病：心脏病、高血压，还有胃肠病，能扛得过这种全身麻醉的手术吗？我得向第三方求证。

于是，我对医生说："让我想想吧。"我将轮椅摇出诊室，在走廊上用手机打了两个电话。一是将病情向我的一位外科医生朋友通报，咨询是否非要手术，能否保守治疗，答案是必须手术；二是就我的心肌缺血病史咨询我的心脏病医生朋友，做骨科手术有没有风险，答案是一般没问题。

解决了心里的两个问号，我将轮椅重新摇回医生的诊室，拿了住院单。我被推进了该医院的骨科病房。

早上 8 点半，医生开始查房。"这就是刚才那张片子的病人。"站在最前面的一位眉清目秀的中年男医生，对着我的病床，向他背后的医生们说话。我判断，他肯定是那位从长征医院调来的骨科主任。看来，他们已经讨论过我的病情了。"你要手术的，是'头下型股骨颈骨折'，跟你直说吧，如果采用打钢钉内固定的保守治疗，预后比较差。所以，我看你还是换个人工关节吧，省得卧床 120 天。换关节的话 14 天后就能下床活动了。"

14 天就可完事，太好了，没等他说完，我就微笑着一个劲地说："谢谢，谢谢！"主任对旁边的年轻医生下医嘱："给她做个牵引，手术安排在下周一。"接着，就把脚步移向了下一个床位，一群医生尾随着他。

"下周一才做手术，那我还要再等三天。"我嘀咕着。家人着急给我出主意，赶快找找熟人，送点红包。我不想这样做，不是吝啬钱，那是为什么？我也说不清楚，就是不愿意呗。自身骨科医学的"零知识"状态，让我无法与医生对话。

"开刀"不是"吃药"，吃药可以在吃药前仔细研究该药的说明书，最后你自己决定这药该不该吃。今天主任医生要我置换人工关节的"休克疗法"与昨晚急诊医生说的"打钢钉内固定"保守疗法，显然是两种完全不同的治疗思路和手术方案。这两种方案在我身上的利弊，我茫然无知，所以就丧失了话语权，更不用说选择了。

我思绪有点乱，心里很不爽。

下午，一位朋友来探望我，介绍了一位曾经与我同病的医生朋友——上海浦东新区卫生学校的校长楼行斐。

楼校长大我9岁。当时是上班时从传达室石阶转身摔下后造成左股骨颈骨折并错位180度，断端嵌入，属于最严重的股骨颈骨折。但她出事后两小时就做了急诊骨科手术，方案是"复位，打钢钉内固定"。现术后5年多，基本无后遗症。临走朋友把楼校长的电话号码给了我。

我一直认为，患了病的医生，对这疾病的指导可能更接近真理。但我又有点担心，一则一般来说，医生的架子都很大，很讨厌病人将电话打到家里的；二则我又不是她的病人，我们之间根本不认识。她会理我吗？

我怀着忐忑的心情拨通了楼校长的电话。没有想到电话那头的楼校长，语气热情，态度温和，这让我即刻感到轻松，她对我这个"朋友的朋友的朋友"，用了将近半个多小时的时间，一边回答我许多很基础的问题，一边条分缕析我的病情与治疗思路。

楼校长告诉我，股骨是我们大腿上的一根骨头，股骨与骨盆相连接的关节是腿部支撑人上半身的一个最大的关节，医学术语叫髋关节。髋关节包括股骨头和髋臼两个部分。股骨头是股骨上端球形的部位，通过股骨颈与股骨干相连。股骨颈骨折是常见的髋部骨折。

股骨颈骨折的内固定方案就是通过手术用钢钉把断了的股骨颈与股骨头固定好，恢复股骨颈的供血功能，使股骨头不至于因缺血而坏死。

所以，她说："手术时间很重要，越早手术预后越好。换言之，股骨颈处破损的血管越早修复，日后股骨头缺血性坏死的可能性就越小。好比你不小心断了一截手指，越早把断指接上，断指复活的可能性就越大。而你的病情比我轻多了，根本没有错位，完全可以保守治疗。"

对置换人工关节这种手术方案，楼校长的看法是虽然摆脱了卧床 120 天的煎熬，但性价比差。高昂的费用与其不确定的疗效不匹配。

首先，体内安置一个巨大的异物，就好比器官移植，会存在排异风险。这种排异的不适程度是因每个人的情况而异的。当然，也有可能全然没有。总之，这个问题比较复杂，它与医生的手术水平、人工关节的材质、病人的体质都有关系。其次，不菲的费用并没有给病人带来一劳永逸的效果。因为人工关节的有效期是 10—15 年，活动得越多，有效期越短。从 50 岁到 80 岁的话，那么将经历 2—3 次置换。这不成了在髋关节处装拉链了？

"那为什么医生要我置换人工关节呢？"对这个问题同是医生的楼校长欲言又止。

"嗯，我明白了。"我放下电话，脸朝天花板，突然感到：自己悬着的心，放下了。在与楼校长通话后，我已经可以对两种方案做出选择了。认识楼校长这位好医生，是我这两天中遇到的一大幸事！

这晚，我睡得很沉。

第二天的下午，骨科主任来到了我的病床边。"主任，您好辛苦啊，星期六还上班。"我连忙先打招呼，情感沟通，拉近医患距离。然后，我先礼后兵地说："不好意思，我想请教您一个问题，您认为，我有没有打钢钉内固定的手术指征？"我很礼貌地用选择问句，并稍稍卖弄一下刚学的医学术语。

"有。"他回答的结论，在意料之中，但回答得如此快速、如此干脆却在意料之外。我在小心地诱导他自我否定，想实现临门一脚。"主任，我想选'打钢钉内固定'的手术方案，您认为可以吗？"继续用选择问句，把最后的决策权还是交到他手里。"我早就对你说过了，这方案，预后很差，即使骨折愈合，也可能发生股骨头坏死，不发生坏死的可能，只有30%。如果你要坚持，那可以。"我看着他的脸，他似乎有点不悦。

我的手术时间被告知又要推迟一天，理由是病人要求变更手术方案，我无语。尽管我已经知道，手术时间推迟一天就意味着我日后股骨头坏死的风险就增加一分。当然，这个医学常识我的手术医生也不会不明白的。

三年后，我看到一则报道：根据循证医学的统计，股骨颈骨折如果能在确诊后的4小时内进行内固定手术，预后相当好；而如果超过72小时再进行内固定手术，术后股骨头坏死的可能性就上升到70%。

这个数据使国外许多医院的骨科医疗制度得以改写：对待股骨颈骨折就像对待心肌梗死一样，通过快速的"绿色通道"进行手术。所以，他们的股骨颈骨折患者，不管是置换人工关节，还是打钢钉内固定，预后都很乐观。

手术后的一周内，情况很好。但第八天开始，感到刀口周围痛。医生检查伤口，未见红肿。以后，又断断续续地痛，而且好像是从伤口里面痛出来的。

查房时，医生说，验个血常规、拍个片子。检查结果，没有问题。而我继续痛着，有时还痛得很"认真"。医生说，没关系，过几天会好的。伤口拆线了，但我的痛，依旧。这是什么道理？我与医生对话：

"医生，我这样痛，是不是在长骨头？""别人也长骨头，人家为啥不痛？"我语塞了。心想：这问题怎么问我？

"那是不是出现了股骨头坏死的先兆？"我继续问。"没那么快。""那是不是钉子与我的内环境不吻合？""不可能。"

医生们有点不耐烦了，接着说："知识分子就是喜欢多想，你可以出院了，换个环境就好了。"

我心里在说："难道痛是想出来的？"那段时间，我痛并苦闷着。隔行如隔山，对许多医学知识我可能不太懂，但是隔行不隔理啊！

医生们开始躲我，他们心里肯定在想：怎么碰上这样一个病人——如此地刨根问底。我也觉得，不应该老就这个问题去追问医生，还是自己做一些案头的工作，记录每天痛的时间、方位、程度、频率等内容，看看是否有规律性可循。我做了一个文字记录，交给了医生。

医生接过这张我叫家人誊得工工整整的"病历"，看都没看，就往白大褂口袋里一塞，淡淡地说了句："还写下来？说说就可以了嘛。"我碰了软钉子，但没想好怎么回答他，还是不说为妙，笑笑呗。

仔细想想，病人能有机会与医生好好"说说"吗？很难的。医生每天的查房，有时像一阵风，特别是对老病人。这也不能怪医生，因为手术室里已经有患者在等他，他不用这个速度查房，行吗？

据说，每天晚上的值班医生，也应该到本病区的各个病房走一走，但能做到这一点的医生，几乎是凤毛麟角。那病人就又少了一次与医生"说说"的机会。

其他的时间，你好不容易见到你所需要见的医生了，但他说话很吝啬，说无主语的单句见多，而他的表情、他的肢体语言又都会不停地暗示你：我很忙，请别烦我。

于是，你只能欲言又止了。

医生办公室里，大多数是进修医生和医学生，或刚毕业的住院医生，病人找这些医生，又总觉得心里不踏实。

我试着琢磨医生的临床思维：

如果病人说"痛"，第一，察看伤口、观察体温、研究血象，排除术后感染；第二，拍片子，观看体内情况，排除手术问题。这两步基本上可以排除医疗上的问题了。如果病人还是那样的主诉，医生就认为是这个病人心理有问题。于是，他们就不予理睬。病人只能自己来消化"痛"。

我总觉得，我们的医生是"手术刀"气质太甚。其实，一个医生具备冷静、果决的"手术刀"气质，也是职业的一种要求，但千万不能同时还渗透出种种"漠然"，缺乏同理心的医生永远无法与病人真诚对话。

今天我们的医患危机其实就是始于医患双方的真诚对话。比如，像我这样的骨科病人，漫长的康复期基本是在家度过的。其间，一旦出现一些症状，又不方便门诊，那我们该咨询谁？医院哪个部门会接我们的电话？我们真的很无助。

在医患关系中病人总是处于弱势的一方，但我的性格和我的职业会自觉不自觉地想改变自己在医患关系中的弱者地位。我是那种做什么事都得"整明白"的人。

就拿我对待自己的股骨颈骨折的手术方案来说，到底换不换人工关节？这是一个方向性的治疗思路问题。所以，我必须穷尽我能获取的信息，而后冷静地独立思考，选择一种最适合自己的治疗思路与方案。很多医生并不喜欢像我这种"依从性"差的病人，其实，我只是不盲目依从罢了。

有人会问，那我们病了，究竟该把身体交给谁？我毫不含糊地回答：交给医生。因为医生是专业的，听取专业知识，节省自己读医学书的时间。但又不完全交给医生，因为病是生在你的身上，你对疾病治疗过程中的诸多体会，医生对此是没有第一手感性认识的。除非这位医生，他本身也得过这种病。

所以，对待疾病我们还是应该多动动脑筋，多做做功课，如何针对自身情况进行选择，这个选择权应该在你自己手里，而不完全在医生。

有一位曾经当过医生的作者讴歌，在《医事》中给一些像我这样的病人画了一张像：

他能意识到自己的愿望和需要，是积极、主动提问题的病人，想知道每项检查和手续背后的原因。他是为自己的健康着想并时时刻刻要求求证下一步是否正确的人。他拒绝被操纵，不因为别的病人都对医生唯唯诺诺就会全盘接受，但他同时又在沟通中表现了对医生足够的尊敬、坦率和真诚。

然而，现在的医学，医学科学文化与人文文化出现了分离，成了"单向度"的医学。正如著名医师特鲁多所说，医生应该"有时，去治愈；常常，去帮助；总是，去安慰"。

最好的医生其实是和病人一起作战的。

医生漏诊，我为什么不索赔？

三年后，我的股骨头终于还是坏死了。

这就是我的命？问苍天！

在确诊过程中，发生了一件事。有一位骨科医生在查阅我这一年度所有的片子时，终于在一张七个月前的PET/CT片子中，发现该片子已经显示我的股骨头是坏死的。因为是二期，我几乎没有任何不适的感觉。

于是，我立马打电话给当时读片的那位医生，请他在电脑中再审阅一下我的片子。希望是一场虚惊。但半小时后，那位医生非常非常内疚地向我致歉：确实是漏诊了。

医生漏诊了，让我错失了治疗股骨头坏死的最佳时机。我，怎么办？我一脸的沮丧！

面对医生漏诊，有朋友建议我应该与那位医生打官司，要求经济赔偿。是啊，打官司，但即便赢了，又怎样呢？如今，再多的钱也不会让我的股骨头起死回生啊！走法律程序来处理此事，不但会耗费我大量的精力，而且还使那位医生的声誉受影响。这种既不利己，也不利人的事，我是不干的。得理还是让人吧，相信医生会吸取教训的。

这次事件我也在反思：如果当时能提示一下医生：我的股骨头情况怎样？以此诱导医生再次审视一下片子，或许那个迹象也就逮住了。因为当时，我做 PET/CT 检查，主要还是监视我的乳腺癌康复情况。

再则，如果能多请几位医生，读我的片子，也许真相就会露脸了。往事已不可追，过多思考毫无意义。

人，总有疏忽的时候，当下，那位医生心里也很难过，已多次发短信向我表示歉意，并已经着手帮我联系上海的骨科医学专家，为我治疗股骨头坏死。

在处理这些敏感的医患关系时，如果我们能多一点谅解医生的心，那么最大的得益者，还是我们患者，人心都是肉长的。

从这次交道后，我和那位医生成了好朋友，丝毫不影响他在我心目中"好医生"的形象。

当时对我来说，所有的精力应该用在思考眼下如何治疗股骨头坏死上。

上苍赐予我的"幸运"

股骨头坏死这个病，与乳腺癌不一样，它的治疗必须依靠多种医学手段的介入，比如针、灸、推拿、内服中药、自我锻炼和食疗。其中前四种手段就非得仰仗医生不可了。然而，由于我身患多种疾病，治疗风险确实很大，导致好多医生选择了"回避"。

眼下上海岳阳医院的孙武权医生和韩建中医生会不会也在我的治疗途中掉转"船头"？这种担心一直存于我心底。

开始针灸治疗的第二天晚上，我在梦中被韩医生的一句话击醒："你的病不在肌肉，不在神经，而在骨髓，针灸治不了。"其实这句话是早先那位老针灸医生回绝我的话，太刺激我了，阴霾在心头一直挥之不去，梦中变成了韩医生的话。

那几天，我"郁"得很。与其独自瞎猜想，不如干脆问问韩医生。终于，有一天我鼓足勇气对韩医生说："待会儿我留针时，您也留一下，我想与您聊聊，好吗？""可以。"韩医生拉了一把椅子，坐在我治疗床前。"韩医生，您不要放弃我……"我说着，竟然哽咽。"不会的。"韩医生回答得很快、很坚定、很简单。

我哭了。没有人知道，因为我是趴着扎针的。

"那好，我心里踏实了。韩医生您去忙吧，还有那么多病人呢。"我估计，韩医生至今都没搞明白，我那天怎么会突然向他提出这个请求的。

医院的针灸治疗诊室里，用布帘子隔成多个大约 2 平方米的私密空间，内放一张治疗床。

一开始，我只在背部穴位扎十几针。韩医生说我从来没有扎过针，治疗强度得循序渐进。刚扎针的时候，紧张得手心全是汗，还要趴在床上近半个小时，很不习惯，胸口有堵的感觉。

一个月后，增加了腹部、膝关节和小腿部位的穴位，前后穴位总共要扎 30—40 针，而后在背部的督脉上和臀部拔火罐，最后是在耳朵的穴位上贴上有磁性的小珠，回家后自己轻轻按按它，来刺激相应的穴位，保持一个持续性的治疗效果。

整个治疗需要一个多小时，每周三次。坚持了半个多月，髋关节的疼痛几近消失，达到当初韩医生的预期疗效：先止痛。对我来说，没有疼痛的日子是最幸福的日子，哪怕是坐在轮椅上。

在治疗过程中与韩医生零距离接触，我发现了韩医生的针法很特别。韩医生进针的特点是温柔轻灵，并多用"捻""转"等手法。所以，我感觉的针感是徐徐而来的，渗透性的，并不是瞬间放电样的。他的助手小梁告诉我，韩医生的这些手法将补或泻的治病理念灌输其中。

当然，更重要的是韩医生的取穴，常用背俞穴及督脉穴，因为这些穴位对疾病的远期疗效甚佳，对疾病来说更治本。我逮住了一个机会，以自己好学中医为切入点，与韩医生聊中医、聊针灸。

"韩医生，我认为，西医和中医治病的思路迥然不同，西医是'头痛医头'，而中医却是'头痛医脚'。"

"'头痛医头'的这种治疗思路叫'扬汤止沸'，好比水壶里的水开了，舀一碗冷水止沸，然而水烧到一定温度，又沸了，再舀冷水就溢出来，所以用这种办法很难解决根本问题。而'头痛医脚'的这种治疗思路叫'釜底抽薪'，是疏导疗法，也叫平衡疗法，这就是中医提倡的整体观思路。"

韩医生用类比的方法解释，让我听得葱是葱，蒜是蒜，明了多了。

"韩医生，您用针刺手法治疗我的股骨头坏死，在选穴上也遵循了中医整体观的思路？"

"是的，局部选穴以居髎、环跳为主，远道选用阳陵泉、悬钟。阳陵泉是八会穴中的筋会，可治所有的筋病；而悬钟则是八会穴中的髓会，可治一些深入骨髓的慢性病症，像你的股骨头坏死症。"

"我在一本书上看到，好像八会穴是一种特定穴，'特定穴'顾名思义就是具有特殊的治疗作用，是吗？"我在卖弄刚学到的一点点针灸知识。

"对的，我在临床上比较注重特定穴的运用。那天，你心脏不舒服时，我用的也是特定穴的变通——郄上穴，而不是教科书上的郄门穴……"

"对，对，您在郄上穴一针，我心脏立马感到舒服。"

我迫不及待地打断韩医生的话，"韩医生，我患的是腿病，但您除了给我腿部扎针外，每每还在我背部扎针，这是出于什么考虑？"我又想显示自己的好学优点。

"其实就是一句话：'正气内存，邪不可干'，扶正祛邪嘛！选背部的督脉经穴，是因为督脉为阳脉之海，如大椎、筋缩、腰阳关，对全身的正气有鼓舞推动作用。另外，还选膀胱经的背俞穴，如脾俞、肾俞、小肠俞等，刺激这些穴位来提升你的正气，祛走你股骨头内的邪气。"

韩医生的话，让我明明白白地踏上治疗的征途。虽然一切才刚刚开始，但我却隐隐感到我选择的路径是对的。同时，我对韩医生充满了信任。

选择推拿来治疗我的股骨头坏死，我是"顶风作案"的。之前有好几位专家对我说，你的股骨头坏死治疗，可以针，可以灸，但绝对不可推拿。理由是我的骨质疏松经不住推拿。但我总觉得自己的骨质疏松还没有严重到如此程度。再说，上海岳阳医院推拿科是国家中医重点专科，还有合署办公的推拿研究所，具有超强的实力，我信得过他们。

治疗开始前，我就"股骨头坏死能不能推拿"一事，再次请教了我的推拿医生孙武权。

孙医生认为，推拿治疗不会给股骨头坏死带来更坏的后果，至少不会加重坏死，因为推拿对促进坏死的因素并没有正向作用。相反，推拿中的㨰法和揉法能舒筋通络，对改善股骨头部位的血供是有帮助的。

孙医生还说，从接诊的几例病人来看，推拿治疗对股骨头坏死的有效性是毋庸置疑的，但究竟有效到什么程度，确实没有具体的数据。从思考疾病发生的机理到临床经验，孙武权医生说得实实在在，所以我坚信：选择推拿，没错的。就这样，我在孙医生的门诊治疗，每星期两次。

两个月下来，我自己感到双腿有力多了。但孙医生却一再对我表示："经验不多，经验不多。"孙医生时任医院推拿科常务副主任，主持着科内繁重的行政事务，是双肩挑人才。而我当时的病情需要每周三次上门推拿治疗，日理万机的孙主任实在无法满足我的治疗频率，于是委托科内的实力派吕强医生担纲，刚毕业半年的推拿医学博士刘玉超医生配合。一个月后，在病房挑大梁的吕强医生也分身乏术了，于是，"革命"重担就落在了"70后"小将刘玉超医生的肩上。

我对刘玉超医生不陌生，这位来自河北石家庄的小伙子，看上去温文尔雅，但却是岳阳医院医生中的"武林高手"：6岁学武术，16岁学太极拳，20多年坚持"拳术"。

2009年元旦前的一天，晚上7点是我和刘医生约定的第一次治疗时间。刘医生一进我门，还没坐定，就向我家保姆要了一杯热水。喝完热水的刘医生，稳稳地坐在我卧室的藤椅上，看这架势，他还不会马上进入治疗。

果不其然，刘医生说，治疗前必须与我好好沟通一下："第一，我推拿手法的治疗理念是'无为而治'。先调整我自己，而后调整你，所以，我是'烤'你，而不是'燃'你。"

一上来的话就让我听得云里雾里。"无为而治"是道家鼻祖老子的哲理性名言。今天刘医生却用来作为治疗股骨头坏死的医学理念，看来有点身手不凡；"先调整我自己，而后调整你"这句话我实在不甚理解，医生给病人治病却先要调整自己，为啥？搞不懂。"烤"我，这话更新鲜。但对有这样思路的医生，我很期待。

"第二，整个治疗过程必须是被动治疗与主动治疗相结合。也就是说，你自己要练功，治疗时和我形成一种良性互动，这样会大大提高疗效。"练功，提高疗效，我当然听得进。

"第三，股骨头这个'球'是圆的，周围有韧带、肌肉、神经、血管，而髋关节的神经支配 90% 以上是闭孔神经，再加后上下支持带动脉，这些神经血管都要全面处理，如大腿根靠近私密处附近，我认为必须处理，请你有个心理准备。"

医生是治病救人，我哪会介意呢。干干脆脆的约法三章，他是有备而来的，思路缜密，认真而不乏创新。我对眼前这位只比我儿子大两岁的小医生肃然起敬。

末了，刘医生还有一句总结性的话："你的病情虽然复杂而难治，但我觉得应该还是有办法的。"

我躺在床上，刘医生神情专注，用右手腾空约 5 厘米的距离在我的头顶往胸前，慢慢地慢慢地下移，移到腹部、大腿、小腿直至脚底。"你的心气不足，脾胃还有很重的寒气和湿气，而双腿的气血很虚，左腿更甚。"他这样的触诊，我可真是第一次碰到。接下来，刘医生帮我切脉，看舌苔。我心想，这孩子居然能内科外科通吃？太厉害了！"你的舌苔发白，脉象偏弱而细。"

刘医生用传统中医的望闻问切，进一步证实他刚才触诊的结论。"你的股骨头坏死，是全身情况的局部反应。所以，我的手法必须是局部处理与全身调理相结合。"他停顿了一下，说："肾主骨生髓，你肾气不足是一个要害。此外，你的脾胃问题加重了你股骨头的病情，这就叫'脾有邪，其气留于两髀'。"

我全神贯注地听着，一句话没说，心底泛起阵阵的佩服。然后，他叫保姆冲两只热水袋，一只放在我右脚底下，另一只放在右腿的髋关节处。治疗完左腿，热水袋再交换放。放热水袋，就这么一个小小的细节，治疗时腿的感觉就是不一样，血得温则通。

此时，刘医生用柔刚相济的手法，游刃于温通的经络、穴位、血管，双腿的肌肉犹如久旱的禾苗逢甘露，从脚底往上滋润。全身的经络，经他的一推一揉一压，顿感交通顺达，而没有任何不适。

大约半小时后，刘医生开始用手法治疗我的脾胃。他双手握空拳，在我的胃部和腹部分别慢慢地弹开十个手指，弹出的手指很有力道，会发出声响，但却没有痛感。其间，他还插入一些"揉"的手法，可谓"软硬兼施"，我顿觉上消化道与下消化道排堵通畅了。刘医生告诉我，这个手法叫"芳香醒脾法"，是跟一位河北老中医学的，自己做了些改良，在临床上效果很好。

"您这可真是传承与创新并举啊！"我抓住一切表扬的机会，人是需要激励的，医生也不例外。刘医生"呵呵"一笑。

临走前，刘医生向我布置"作业"："首先，你每天睡觉前必须泡脚，泡好脚，趁热'涌泉给药'——将原本贴在髋关节的膏药，同时也贴在脚底涌泉穴处。""那是为什么？"说实在的，碰到我这种刨根问底的病人，医生会觉得有点讨厌的。可没想到，我的这一反问，倒让刘医生再次提起了给我上课的兴趣。

"涌泉为肾经第一穴，非常重要，也是全身气血的第一涌动处，两脚之气血壅滞不行，则周身之气血亦不宜通。所以，病从脚上来，双脚如树根，治脚治全身。中医推崇'上病取下，百病治足，内病外治，头病医脚'。你身上的所有疾病，我认为都可以从脚上配合治疗。"

我非常赞同刘医生"涌泉给药"的主张，以至于我一直坚持到现在。"您不愧为医学博士，出口成医！"我说这话是由衷的，对眼前这位"70后"的小中医，我真的是刮目相看。"另外，从明天开始，你每天要练功。先练'洗髓经'，具体怎么练，你先从网上下载，有什么问题，随时打我手机吧。"

我一一记下了刘医生的医嘱。第二天上午9点左右，刘医生打来电话，询问昨天治疗后的反应，他说："我这是查房，我要根据你每次的反馈情况，不断地完善治疗方案。"刘医生的第一次治疗，就让我很兴奋。我总觉着刘医生的这杯"水"，不浅，他是一位不一般的医生，尽管他当年才35岁。

2009年2月14日的治疗，是我体会刘医生手法与功法并举治疗最深刻的一次。那天，刘医生做完放松手法后，要求我在接受治疗的同时练"洗髓经"。遵嘱，当我将意识深入骨髓时，我发现刘医生已用双手压在我左腿的腹股沟处，他的表情很安静，手法的意气和温热慢慢渗入骨髓，缓缓地、缓缓地，体内觉得越来越温暖，似乎骨髓中瘀滞的垃圾在往下排、往下排……突然，我感觉一股热流"唰"的一下涌到脚底！然后，我全身大汗。

此时，刘医生放开压着的双手，当他再次触诊后，说："太好了，关节周围肌肉韧带已经松了下来，里面透出来的气也比较温热。"这次治疗的感觉太奇妙了！我似乎在骨髓间遨游了一次，并深深体会到那种医患良性互动的"场效应"。

那天，刘医生也很兴奋，在回家的路上，他给我发了短信：

潘老师，今天的治疗结果，证明用手法配合洗髓经功法治疗你的病效果不错，股骨头坏死，病在骨髓，所以要用洗髓经，手法意气也要达到骨髓。

不久，因刘玉超医生将赴北京读博士后，不能继续为我治疗，所以，我回归"组织"，重新回到孙武权医生的"手下"。我很有幸，能体验两位优秀的推拿医生不同的治疗风格。刘玉超医生是手法与功法并举；孙武权医生虽是润物细无声，却能四两拨千斤。

我在孙医生的诊室，遇到一位朱姓中年男士，他患的是致残性极高的强直性脊柱炎。35岁得病，今年50岁，这15年中，坚持每周两次到孙医生门诊推拿治疗，发病厉害时再配合吃点中药。他对我说："一位跟我生同样病的老板，腰已经弯得基本上不能走路了。你看我，腰背挺挺的，还能上班。"他说得很自豪，看上去他好似一个健康人。他突然对着我很感慨地说："孙医生独特的治疗手法，我担心，将会失传。"

孙医生当时才43岁，就担心失传？语出惊人！我好不理解地问他。

"孙医生对待病人非常认真，几十年如一日，难得的好医生。他的治疗手法独一无二，有渗透性。"他说的这两条理由，前者属于医学态度，后者属于医学水平。

朱先生看着我不解的眼光，又说："现在的年轻医生有几个能像孙医生的？所以，担心要失传。我患病十多年了，比较过许多医生的推拿手法，别人要推1个小时，孙医生只要20分钟就可达到效果。你知道为什么吧？"

我又茫然了。他下一个动作是我没想到的。他趁自己是上午门诊的最后一位病人的优势，请孙医生坐下，他居然像模像样地在孙医生的肩上使用不同的推拿"揉法"给我看："你看，一般医生是这样的，（然后，又换一种方式）孙医生是这样的。从力学的角度上说，孙医生的手法具有渗透性，时间短，效果好。但现在年轻医生太浮躁，静不下心来钻研的。"

蓦然间，我好像读懂了一些他话中的话，真的不能简单地认为他是杞人忧天啊！像朱先生这样的铁杆粉丝病人，我在孙医生的诊室里遇到好几位。

孙武权医生，他让我仰视。

针、灸、推拿三种治疗手段确实让我的病情改善不少，但为了与股骨头坏死的速度抢时间，我必须穷尽所有的有效手段。因为那个时候的我，集乳腺癌、心脏病、高血压、胃肠病、股骨头坏死于一身，必须加速调整全身的混乱状况，我急至燃眉的事是应该加服中药，它成了我治疗的第四种手段，但在当下要找一位医术高明的中医全科医生真是"难于上青天"。

　　眼下，人们得了病，特别是一些慢性病，选择中医治疗的居多。但如果这个人身兼多种疾病，那他的就医就犯愁了，比如我。我上中医医院看病，就必须挂四个号：乳腺科（解决乳腺癌）、心血管科（解决心脏病高血压）、消化科（解决胃肠病）、骨伤科（解决股骨头坏死）。即便挂中医内科，也解决不了我乳腺癌和股骨头坏死，眼下最要紧的这两大疾病。然后，各个科的医生分别配给我几大包药。这几大包药将一统进入我的肠胃中。

　　于是，我的肠胃就成了一个化工厂：它们互相倾轧，互相挤对，互相反应，互相争着为我治病。我终于让药替代了饭，我成了一个"化学人"。这就是我等病人的无奈，这是被西医化了的中医医院！今天，真正的中医全科在哪里?！我"心想"了一个多月，居然真的"事成"了。

　　2009年元月的一天，一位朋友来看我，临走时，放下一本16开精装的书，说是该书作者让其转交给我的另一位朋友的。转交的是书，又不是私人信件，我自然就先睹为快了。

　　这本书拿在手里是有分量的，400页的大开本，加上精制的硬皮封面。出版社是人民卫生出版社，是响当当的出版社。这年头写书的人比看书的人多，所以，一般人看书，会先看看该书出版社的级别，那也是快速辨别图书质量的一种方法。

　　书名是《我是铁杆中医——彭坚学术观点与临床心得集》，作者彭坚，1948年生人，湖南中医药大学教授。看书先看序和跋，这是我一贯的阅读习惯，也是快速认识作者、认识该书的途径。我一口气读完了书的导论和后记，对作者和该书都有了清晰的印象。

这不就是我寻觅的中医全科医生吗？这一判断，让我放下正在看的《思考中医》，转而思考"铁杆中医"了。

看完全书，我觉得彭医生称自己"铁杆中医"，确实有"铁"的理由：他出生于薪火相传的中医世家。祖父辈就有五人行医，其中伯祖父的医术"饮誉三湘"。父辈又有两位医者，彭医生从小就在家中耳濡目染，早早就拜二伯父彭崇仁（湖南省名中医）为师，学习中医。所以，从基因的角度，彭医生就是天然的"铁杆中医"。

他比他的长辈幸运，能进入中医高等学府深造，有医学史硕士的桂冠，又底气十足地在大学讲坛上主讲"中国医学史"，凭着自己30多年的中医临床经验，硬是将医学史研究运用得鲜活灵动。所以，从职业的角度，彭医生就是当然的"铁杆中医"。

他典型的中医师徒相授的学习方式，使他虽不具备西医的系统知识，但有着扎实的中医功底；他既能在分科严格的中医医院看门诊，又能在什么病都必须看的药店坐堂；他看病的手段不用拍片子、不拿听诊器、不开西药，使的全是本色中医、纯中医的招数——望闻问切、汤散膏丸，治好了许多西医治不好的病，病种涉及内外妇儿、五官皮肤、骨伤肿瘤等。所以，从经历的角度，彭医生就是必然的"铁杆中医"。

历史上，中医是世袭制的，传内不传外，有的还传男不传女。所以，"秘方"是中医世家的命根子，但手头这本书的作者彭医生却非常开明，他在近300页的"临床篇"中，毫无保留地公开祖传的和自己的经验方，并将用方的心得体会写得细之又细。仅凭这一点，彭医生就让我肃然起敬。

在我们的周围，中西医时有争论。可这位从不开西药的"铁杆中医"对西医却丝毫没有"白眼"。他认为，西医中医虽各有各的哲学基础和方法论，却是殊途同归的；对有些疾病，中医和西医的作用还是互补的、协同的。这些笔墨，散发出"不同而和"的君子之风，我欣赏！

一番考察，当然维持原判：彭医生就是我要找的中医全科医生。

找彭医生，最快最有效的途径是让我的朋友推荐我。我终于与彭医生联系上了。短信、邮件，好多个来回后，我斗胆发出邀请："彭医生，您能否在春节长假中拨冗来一下上海？"

一个普通病人，居然调动医生，而且是千里之外，而且是过年时节，而且是未曾谋面，而且是一位大教授，而且是……太过分了吧！说实在的，不是我不讲理，实乃我坐着轮椅，无法前往长沙。因为我这种病的时效性特别强，前三个月的治疗效果，具有决定性、方向性的意义。

当然，人不能那么自私，不能只为自己着想。我做好了彭医生拒绝我的充分心理准备。

那时的我极度矛盾：我心里，盼着彭医生能答应我；我祈祷，上苍让我有这一福分；我等待，等待彭医生的任何一种回复。我决定让特快专递赶紧送去我写的《女人可以不得病——我的康复之路》一书，希望彭医生再多了解我一些，让彭医生做抉择时，增加一点来上海的理由。

三天后，我收到彭医生的短信，他决定年初四晚上来上海，年初七早上返回，要我办好他的往返机票，以免误了他年初八的门诊。我终于心想事成了！兴奋得失眠！

事后，我才知道彭医生执意要我办理好往返机票的真正原因。

在彭医生决定来上海时，家人一致反对。"一个读者让你去，你就去了，万一是骗子，你回都回不来。"彭夫人的这个警惕，不能说是空穴来风。"你难得春节休息几天，却要辛苦出远门，太累了，回绝她吧。"彭医生的儿子心疼老爸，人之常情。也可能是彭夫人看了我的书，觉得这个女人有点可怜；也可能同样身为医生的儿子动了恻隐之心，后来他们终于还是让彭医生成行了，只是为了保险起见，让我办理好彭医生的往返机票，以防万一。我在心里，默默地谢谢彭夫人，谢谢彭医生的儿子——小彭医生。

一到上海，彭医生就用纯中医的方法，给我做了一次体检。他说，总体情况比他想象的要好一些。于是，他给我开了第一张方子。然后，他详细向我解释用方的理念：此方是"阳和汤"加减，阳和汤是治疗属于阴寒证一类肿瘤的有效方。清代用于治疗乳腺癌、淋巴癌等，近代还用于治疗骨病，如骨结核、附骨疽（类似于股骨头坏死）、骨质增生、骨质疏松等。对于我的两种主要疾病，都有控制和治疗作用。

我最喜欢医生开完药后对着药方给我上一课，让我明明白白地喝药。说实话，我对吃中药是有点担心的，因为我的胃不好，怕治疗骨头的中药会使胃不舒服，从而导致食欲不佳，影响治疗。但彭医生与我的充分沟通，让我消除了顾虑。

一名中医医生，如果光是学问到了，而境界没有上来，那他的学问是不会融会贯通的。我眼中的彭医生，能将我身上各种病之间的联系，哪里是根结，哪里是枝末，梳理得一清二楚；而后精到用药，异病同治，实乃真正的中医——铁杆中医！

从此，我用上了彭医生的方子，脾胃情况一直很好，食欲也增加了，感到人有劲了。每隔10天，我会将自己的舌苔、脉象（让上海中医根据对我的望闻问切获得的）以及我的主诉，通过网络与彭医生联系。

互联网让上海与长沙两座大城市成了"村子"。

任何疾病的治疗过程都是医生和病人共同协作的过程，而病人的主体作用在某种程度上是治疗疾病的"核按钮"。如果病人对自己都丧失了信心，那么再好的医生、再贵的药物都无法开启这个"核按钮"。

比如我的股骨头坏死病，看似是一种骨病，其实是一种内在疾病的骨骼病理表现。在治疗过程中，病人的任何一点消极心理都能使股骨头坏死更加难治。

我非常清醒地意识到这条关乎我成败的黄金法则，所以，拼命地打开自己所有的积极意识，全方位地配合韩建中医生、孙武权医生、刘玉超医生和彭坚医生治疗，最后，医患携手，一年后我的股骨头坏死临床治愈。

后康复期，我是在中医外治为主的全科医生刘慧医生那里不间断地调理。

找刘慧医生，过程有点绕。

那年，我突然得了亚急性甲状腺炎，喉咙疼，脖子肿，头痛，心跳快，腿软。血指标：血沉100、C反应蛋白酶70、T3和T4升高。这是急性病，必须马上治疗。

医嘱：用激素、抗感染，中药西药一大堆。

用激素？我本能地拒绝。

回家的路，我走得有点艰难。

有人告诉我，上海虹口区有一位私人女医生，叫刘慧，她能用针灸治疗此病，我腿脚不便，她愿意上门治疗。

"愿意上门治疗"，这是我最听得进的话，因为我实在走不动了。能用针灸治疗此病，也是我愿意尝试的，因为可以免除吃激素了。

当刘慧医生出现在我面前的时候，我想停止治疗！太年轻了，而且看上去很娇小，她能行吗？虽然，颜值不错。

"刘医生，今天我们不治疗，先聊聊您给我治病的思路，行吗？"也许，刘医生第一次遇见我这样的病人，而我实际上是诱导刘医生来拒绝我。

"好，潘老师，在我眼里没有病，只有'象'。有什么'象'，必会得什么样的病。我可以通过观察肚脐的大小、脐孔的深浅、脐心的高低、脐壁有无倾斜、褶皱、颜色来判断患者的情况，从而制定治疗的思路。"

语出惊人！语出惊人！

我从来没有听说过"眼里只有'象'"的中医医生！

我刚刚太傲气了，出言不逊。此刻，我面有尴尬状。但刘医生倒是和颜悦色，这姑娘，不简单。我曾经听说过，但凡道医看病都很重视患者的"肚脐"，难道，这位刘医生是有"道"者？

"潘老师，你亚甲炎这个病，其实此'象'早已经存在了，现在只是慢性炎症急性发作罢了。而急性发作的导火线，我们一起来研究一下。"说实在的，刘医生这判断是对的。近两年，我的甲状腺化验指标中，"甲状腺过氧化物酶"指标一直是异常的，且持续性升高。

医患关系的第一要义就是对医生得信任。此时此刻，我对眼前这位"70后"的女医生不仅仅是信任，而是多了一层敬佩，觉得"不一般"。

"刘医生，请您先给我诊断一下吧。"我还是没有立即开口，让刘医生马上进入治疗程序。心想，不急，再看看她的"道"究竟有多深。

刘医生拿出包里的脉枕，居然是两个，随即，示意我把左右手分别放在脉枕上。只见她沉了一口气，体会着我的脉象。而后看我的舌苔，脸色。这是中医的望闻问切。

"潘老师，你进房间，趴在床上，我要触诊，摸脊。摸一下你后背的脊椎，来综合评估一下你的身体状况。"

摸脊？这一般是伤骨科和推拿科医生判病的手段之一，针灸医生也使用？我有点不解。

"您再翻过来，我来看看您的肚脐。"此时的我，非常听话，一一配合着。

刘医生边观察边摸我腹部肚脐各部位，解释说："我这是探穴，腹部肚脐很重要，属于中焦，为中土，是全身经络贯通最重要的交通枢纽。"估计刘医生觉得，给知识分子看病，得枝是枝，叶是叶，讲得清楚些，特别是像我这样喜欢琢磨的。

"在我们腹壁浅层能找到应答关系非常明确的穴位，它就是我们俗称的'肚脐点'，穴位名称叫'神阙穴'，是全身唯一能看得见摸得着的穴位。"我望着刘医生，她时而与我对视一下，时而视线移到我的肚脐。

"这个肚脐眼就是全身的全息反应。我们可以运用《易经》的八卦来对应人体的五脏。这就是我开始与你说的'象'。你的巽卦和震卦在脐壁有条索气结，按之会移动，此'象'说明这是你长期肝胆火旺、肝气郁结所致的。"

我终于明白了刘慧医生是运用《易经》的"后天八卦学说"来对应中医的五行学说来解释我的肚脐的"象"，我学过点《易经》知识，知道这不是"伪科学"。

我突然开始对眼前的刘慧医生肃然起敬。

"你的离卦脐壁塌陷褶皱，此'象'说明你长期耗伤心气、心脏供血减弱，有心脏早搏、冠心病及颈椎病的迹象。"刘医生这些判断，句句是真理，因为我的情况就是如此，40岁开始心脏病越来越厉害。

刘医生搬了一张椅子坐下，继续说："在对应背部第4、5胸椎间隙变窄，颜色偏暗，旁开两侧经筋僵硬，板结有气结条索状，说明心脏问题确切，再往下7、8、9、10胸椎生理曲度直，肌肉高出其他部位，更是应了你长期肝气不舒，肝脏功能一直都在应急状态下形成的此'象'，再往下看腰椎2、3区域有淡褐色细纹，此象说明有肾气不足，还有些骨关节的问题，此'象'为水不涵木，气滞血瘀导致肝气冲逆，犯了脾土，俗称肝气犯胃。"我已经彻底服了刘医生，不服不行啊！说的全是对的。最关键的话来了——

"亚甲炎这病，西医归为'自身免疫性疾病'，而中医的诊断是在阳明经上的病，落脏在脾胃，在消化系统。"如此条分缕析，我哑口无言。立马说："刘医生，您给我治疗吧，现在就开始！"

刘医生开始拿出她的针，与一般医院针灸医生的针不太一样，很短小，后来才知道这是"微针"。

她用微针在甲状腺与颈椎对应区松解，让颈椎的甲状腺体区放松、解压、供血，使之修复；背部在心脏对应区的结节处松解，让心脏得到大量气血之濡养，增强心肌供血；而后在肝脏对应区松解，疏肝解郁；最后在肾脏对应区培元固本，增加能量。

整个治疗过程，犹如作战，排兵布局，思路缜密。

微针在刘医生纤弱的手中，点点、刺刺，痛，还好，只觉着全身开始有点"活"了、有点"松"了，不再板结。

关键穴位留针40分钟。末了，我起来活动了一下，转动脖子，好多啦！

难为刘医生拨冗为我隔天上门治疗一次，我的情况大大改善。一星期后，我能出门治疗了。

一个月后，所有血指标趋于好转。三个月，临床治愈。从此，刘慧医生成了我的养生调理医生，这条路我们一走就是十余年。

感恩国医大师贺普仁的关门弟子刘慧医生。

我求医之路，何其艰难，但还是让我遇见了那么多好医生。这是上苍赐予我的"幸运"。

Q&A

秦　畅：中医，作为一门经验科学，年龄阅历是必修的功课，可在治疗您的"股骨头坏死"这一难症时，似乎让我们对这一定论有些游离，这只是巧合，还是我们需对中医有更全面的认识？抑或其他？如何选适合自己的中医？

潘肖珏：一般来说，中医医生的阅历和经验是非常重要的，人们常说的"姜是老的辣"就是这个理。

我也一样，得病伊始就满上海寻找能治我这病的老中医。遗憾的是，我一开始寻找到的三位老资历的老中医（针灸、推拿、伤科），无一例外地因我的病情复杂——集癌症和"不死的癌症"——股骨头坏死于一身而婉拒了我。时间紧迫，我不得不转换思路，试着找中青年的中医医生。

我的想法是：第一，他们没有太多的顾虑（即考虑个人名声类的顾虑），会以平常心来接诊；第二，他们没有专家架子，容易沟通；第三，他们未必就没有专家的水平；第四，他们或许会把接诊像我这样的疑难病例，看成是一次很好的业务探索机会。

事实证明，我这么做也是对的。我找的针灸、推拿医生都是"50后""60后""70后"的医生，包括我从千里之外寻觅到的中医全科的彭坚医生，他也属于中医界的中年医生。读者可以看出，我笔下的那四位中医界的中青年医生的仁心和仁术，以及我和他们之间那种和谐的朋友式的医患关系，最后，我们共同创造了医学奇迹。

在这里我要补充的很重要的一点是，我始终是很敬仰老中医的，他们中很多人医德高尚、经验丰富，甚至身怀绝技。他们是中医的栋梁，是祖国传统医学的瑰宝。能有机会请到经验丰富的老中医为自己治病也是难得的福分。

秦　畅：从您的治病经历中，发现您与医生的交流很通畅，可常人觉得在当今的医疗环境下，"看病"有点难，其中与医生的沟通更是难。您对此，有何看法？

潘肖珏：什么是"看病"？看病就是病人将自己的病情，或疾病的治愈过程说给医生"看"。所以，看病时病人要学会与医生沟通。

由于我的专业是研究与教学公共关系学，而公共关系讲究沟通艺术。但在如何与具有强大职业优势的医生沟通上，我也着实好好斟酌了一番。最重要的体会是首先努力当个聪明的病人。

秦　畅：看病时要"努力当个聪明的病人"？您能说说具体的做法吗？

潘肖珏：记得有一位中医医生说："给潘老师看病，医生是需要有两把刷子的，因为潘老师是'识货'的病人。当然，给潘老师看病，医生也是很有成就感的。"

医生说我是"识货"的病人，我的理解是：潘老师是一位聪明的好病人。

一位聪明的好病人，第一，要学会做"功课"。

中国的医院，诊室"人满为患"者居多，所以，医生给每个病人主诉的时间无奈地越来越少。如何用好这珍贵的主诉时间？聪明的病人会事前做好"功课"：梳理思路，直奔主题，精炼语言，打好腹稿。尽可能在一两分钟内，说得让医生明白你的病情，然后对症下药。

第二，聪明的好病人要学会寻找最佳的沟通时机与沟通方法。沟通学上有个黄金法则：五"W"沟通原则，即 Who（谁在说），Whom（对谁说），What（说什么），How（怎么说），Way（通过什么途径说）。如果你在与医生沟通前，对这五个问题是混沌的，那沟通肯定失败。

医生很忙，医生也很累，我们没有理由要求医生"必须"怎么怎么，或"应该"怎么怎么。为了治病，而我们又不得不表达自己的一些意愿。

于是，聪明的病人就会寻找最佳的沟通时机与沟通方法。沟通时机是一定要找医生的空闲时段。至于"空闲"的确切时间段，是你必须仔细观察这个医生后才能确认的。千万避免在医生开方时提问，这如同与开车的司机聊天、跟做饭的厨师说话一样，可能产生的后果应该能想象得到。

与医生沟通的方法虽"定体则无"，但"大体则有"。礼仪、尊重、谦和，甚至"得理也让人"都应该被装入这个"大体"的框中。

第三，聪明的病人要学会换位思考。换位思考就是病人也要站在医生的位置上想想。

全世界最难做的医生可能是中国医生，据权威媒体调查，由于长期的精神紧张和体力的透支，医务人员早逝现象非常普遍，平均寿命只有68.3岁，远远低于国人的平均寿命71.4岁。

这样一个崇高的职业，却有越来越多的医务人员不愿意自己的子女去从事医学。如果病人能多一点点换位思考，那你对眼前这位医生的微笑、礼仪都是由衷的。

人同此心，心同此理。相信同样你也会得到医生对你的真情回报。

第四，聪明的病人要学会不抱怨。现有的医疗体制，确实让我们病人在就医过程会产生诸多的抱怨。比如，好多医院门诊大厅的嘈杂程度，就可让病人的焦虑指数快速上升。

身体的病还没看呢，却已伴随了心理疾病。接下去是漫长的候诊、快速的接诊、还没听明白的医嘱、稀里糊涂的服药，最后，疾病总不见根本性好转。

怎么办？一连串的抱怨：抱怨国家医改失败；抱怨医院院长管理能力差劲；抱怨医生治疗水平欠佳；抱怨如今社会人心冷漠；抱怨自己没能耐，够不上享受"一对一"的医疗待遇……

然而，这一大筐的抱怨，对于自己的疾病治疗是有百害而无一利的。因为你抱怨太甚，只能使自己的肾上腺素飙升——心跳加快、血压升高、呼吸频率加速、内分泌和自主神经功能均失调……结论：不合算。

秦　畅：经您这么一分析，为了降低自己的健康成本，我们病人要学会不抱怨。当你不能改变现实的时候，那么，你就应该改变对现实的态度，平静地接受现实，因为我们无法扭转乾坤。

我们能做的应该是：思考自己的疾病，当个聪明的好病人，寻找好医生，医患携手，共治疾病。

潘肖珏：是的。最后，聪明的好病人要学会懂得感恩。具有"感恩的心"是做人的一种品德。

学会"感恩"，其实就是让自己学会懂得尊重医生。好病人应该将治疗中的点滴进步都反馈给医生，向医生赠予感谢，给予赞扬。医生也是人，也需要激励。

第二辑

折返路上的自己

第五章

做自己的健康责任人

不把"会好的病"，弄成"会死的病"

病，是生命体运行过程中产生的障碍。这障碍，有大，有小；有轻微，有严重；有缓慢，有紧急。但都逃不过三种情况：一种情况是"会好的病"；一种情况是"会死的病"；还有一种情况是"不会好，也不会死的病"。

这三种情况，大概率会互相转化。向"左"转，哪怕原本是"会死的病"，也会转化为"会好的病"；同理，向"右"转，哪怕原本是"会好的病"，也会转化为"不会好，也不会死的病"，甚至转化为"会死的病"。

这种转化的责任人是谁？

是医院的医生？也许是，也许根本不是！

对我来说，只要不被120救护车急救到医院的，那这种转化的责任人就是我自己！

> Q&A
>
> 秦 畅："做自己的健康责任人"，这个提法非常好！
>
> 我注意到，您不光是提出一个理念，在自己疾病治疗期间，也是这么付之于行动的。为此，在术后乳腺癌的治疗

上，您说，不把"会好的病"，弄成"会死的病"，也是这一理念的延伸吧。但作为一位病人，一位没有医学背景的人来判断自己疾病的性质，从而做出有利于自己健康的决断，这决不是一件容易做的事。特别是对待癌症，这是一种可能会危及生命的疾病。

潘肖珏：您说得一点没错。这确实不是一件容易的事。需要有思路，有判断，有定力。这三个"有"，取决于自己的"学习力"，特别是学习各种医学知识的能力，学习健康管理知识的能力，并融会贯通。对我来说，这就是一个需要尽快完成的"课题"。21世纪的健康管理已经不是"头痛医头"的时代了，我们必须站在生命的角度来审视健康管理的逻辑始点，而中医的"和人而病自治"的观点，就是一种应该提倡的健康管理的出发点。

"和人"，谁来和人？是医院的医生？也许是，也许不是！但对我来说，首先必须是我自己要"和人"。因为我是自己健康的第一责任人。所以，我经常会与医生友好"谈判"治疗方案，我的生命我做主。从2005年得大病到现在，我所做出的决断，几乎没有走弯路。这是因为思路决定出路，方向对了，措施对了，结果自然不会差。

乳腺癌手术住院期间，针对自己的病情，我决定不采取化疗，但作为住院病人，总得配合医生，完成一些医疗行为吧。所以，我同意医嘱：放疗。

开始按计划放疗了。

放射科医生告诉我，根据我的病情，两处需要放疗：右胸壁和右锁骨。共放疗 25 次，隔天放疗一次。

放疗前，我做了功课，对放疗后可能会产生的状况以及如何应对都了如指掌。比如，白细胞数会降低、人会乏力、胃口有影响等。我备足了各种维生素补充剂，让护工帮我去附近饭店定制营养餐等，更重要的是心理准备：不怕！不怕！我患的是"会好的病"！即使是"会死的病"，我也一定要将其转化为"会好的病"！

当我进行到第四次放疗时，就在放射科的那架机器上犯了心脏病。放射科医生赶紧打电话给心内科对我进行抢救。我心脏疾跳，全身冰凉伴颤抖，但我的意识是：挺住，挺住，我不会死的。

医生们一阵手忙脚乱，往我舌下放入"保心丸"，有医生在使劲摁我的"内关"穴。半小时后，我的心脏开始稳定，医生慢慢地将我移到平板车上，推到机房外的走廊，继续观察。一小时后，我恢复平静，才被推回病房。

病房医生说，休息几天，等心脏好了，再继续放疗。

但我不想再继续了，再出万一，太可怕了！还是为了保护心脏，我又一次拒绝了医嘱。在我的医学字典里，癌症是慢性的消耗性疾病，不会即刻危及生命；而心脏疾病有瞬间爆发威胁生命的可能。两害相权取其轻！

我这样的病人，是不能再待在医院里了。

我主动出院。

出院时，床位医生建议我口服化疗药"希罗达"，说此药的毒副作用很小，特别是对心脏。我抱着试试的心态，服了不到一个月，人感到浑身不舒服，呕吐、眩晕。一检查，肝功能出问题了，GPT 上升到 100 以上，说明肝细胞受损厉害；肌酐数值也不正常，肌酐是肌肉在人体内代谢的产物，一般是了解肾功能的指标之一。

医生说，停一下吧，等肝功能、肾功能都恢复后再服用。这种让我的主要脏器亮红灯的药物，我必须拒绝。我又一次没有遵医嘱。

我的思考在继续：为什么我们要"生命不息，放化疗不止"呢？我们不能只关注这个"病"，而不关注生这个"病"的"人"。如果"人"都被放化疗弄得"千疮百孔"，那么治这个"病"的本钱在哪里呢？

遗憾的是，我的这些思想很难与医生们沟通，我怎么找不到"知音"呢？不过，想想也是，医生若真有我的这种治疗思路，能得到病人与病人家属的理解吗？

对大多数人而言，病，只是一次痛苦的经历；而对我而言，患一场病，却是对未知事物的一次觉知的起点。

我之所以拒绝放化疗，是基于我对这个病的认知：我认为"癌症"这个疾病，只要人的主要生命指标还正常，就不能说，一定是一个"会死的病"，其间，完全有让其转化为"会好的病"的可能性。

这种可能性源于人体本来就有的自我修复和自我调节的能力，也就是平时说的"自愈力"。但在当下飞速发展的医学科技和医药科技面前，人类的"自愈力"貌似消失了。不少人得了癌症后，就进入了痛苦的漫长的治疗中，特别是拼命地过度治疗。于是，就顺理成章地把"癌症"归入"会死的病"。其原因就在于患者对这个病的认知——"绝望意识"起到了重要的作用。

面对癌症这个顽敌，人类在与之战斗的时候，并没有交白卷，但始终也没有得高分。其间，除了医学界对"癌症"这个疾病的本质认知有局限外，患者自身的意识与作战方式，不能说没有问题。

生命是一个很奇妙的信息运行过程，我踏上了研究其中之道的路程。

"所有的疾病都始于肠道"，
希氏之语，醍醐灌顶

人生病的逻辑起点，"医学之父"希波克拉底早在公元前460—370年间就明确指出："所有的疾病都始于肠道！"这醍醐灌顶的判断，为什么文明社会相当长的时间没有任何数据或成熟理论来解释这一理念？好比中国古代的佛学经典《坛经》，这么好的一本人生教科书，至今有多少人来阅读？现代人被复杂而精致的高度文明所裹挟，不再俯仰天地，不再有探寻"星空"的好奇心。

为此，我长期来阅读了大量有关肠道的书籍，想在书中寻找答案，更思考希氏之语的合理性。

首先，刷新我认知的是：肠道居然是人类身体中唯一可以脱离大脑控制，还可以正常工作的脏器，不就成了人体的第二大脑？

思考中的判断句不断涌现——

肠道是肠脑。

人体的肠壁上遍布神经元，不需要等待大脑信号，就可以将消化功能直接实现。

肠道是营养与毒素的集中营。

人体的"营养生产中心"在肠道,人体的"毒素储存仓库"也在肠道。人体100%的营养素和90%的毒素都要靠肠道来吸收与排出。

肠道是最大的免疫器官。

肠道集结了人体约80%的免疫细胞,前赴后继地对抗着不断入侵的病毒。

中医的经典之作《黄帝内经》记载:"脾胃者,仓廪之官,五味出焉。"显然,中医的"脾胃"是个大范畴,既包括西医的"脾",也包括"胃"和"肠"。中医认为,脾胃就像是军队的"粮库",脾胃一旦失常,人体的各个部门也将面临一系列的问题。

看来,中医的脾胃论与西医的肠道论本质上是同频的。

在我寻寻觅觅中,有一个人的研究成果,被我敲打在键盘下——19世纪,俄罗斯生物学家梅契尼科夫发现了人类长寿和体内细菌健康平衡之间的最直接联系,并证实了"死亡始于结肠"。他的科学研究让人们相信:所有已知的人类疾病中高达90%的都可以追溯到不健康的肠道。此研究,让梅契尼科夫获得了诺贝尔奖。

终于让希氏之语有了掷地有声的回应!尽管晚了点。

更让我振奋的是梅契尼科夫还揭示了一个"所以然"——不健康的肠道内,缺乏丰富多彩的微生物世界,且这个微生物世界内有害菌大于有益菌,其大于的程度直接影响着人体的免疫系统。换言之,直接与这个人患病的程度成反向相关性。

希氏之语与梅氏之言,以及中医先哲的"肺与大肠相表里"的论断,让我聚焦了这么一个命题:肠道菌群是如何影响人体免疫系统的?

我又翻开了略显陈旧的史料——

在人类漫长的进化历程中,肠道菌群与我们的身体其实是"共生"的。肠道菌群在人出生不久,就在人体的胃肠道安家落户,并深远地影响整个免疫系统。虽然我们从不曾察觉。

人体免疫系统的敌我识别能力，就是在肠道菌群的调教下变得更加精准完善的。这样说来，肠道菌群和人体免疫系统是一种"师徒关系"。

我思维的底层逻辑建立了，接下来，我将进一步推理，作为"师傅"的肠道菌群是如何训练人体免疫细胞这个"徒弟"的。

当我钻进这个"胡同"后，才发现要彻底解开这个疑问，并非是我必须。因为其中那些名目繁多的医学概念，如"T 细胞（Helper T cell）""调节性 T 细胞（Regulatory T cell）""激活 Treg 细胞分化"等，貌似是应该给医学生灌输的。于是，我准备从这个"胡同"折返，就在此刻，国家颁布的新型冠状病毒感染的肺炎诊疗方案试行第六版，让我驻足。

这个治疗方案，特别提到了要维持肠道的微生态的平衡，所以，治疗期间可以使用一定剂量的益生菌。我依稀感觉，益生菌在维护肠道微生态平衡时的作用，不可小视。然，我毕竟不是此话题的专业研究人员，无法推理其中之"所以然"。为此，我特意请教了一位医学专家：为什么国家卫健委要专门提出这个问题？

专家告诉我，人体的肠道益生菌一旦紊乱的话，不仅会加速免疫紊乱的问题，还会造成人体的整个代谢系统出大问题，甚至彻底崩溃都有可能。现代研究发现，肠道的益生菌紊乱，会导致各种慢性病，包括癌症。所以，只有把肠道的微生态平衡好，才能改变导致疾病的土壤。而且它跟感染的控制也很有关系。如果肠道益生菌乱了，整个炎症反应就会大幅度提高，炎症风暴不可避免。

专家语出惊人，让我明白：肠道微生态失衡的后果，如同土壤板结，长期大量化合物（化肥、农药、除草剂等）的单一使用，有机质的短缺，导致土壤微生物严重缺失，甚至毁灭。

我在 33 岁那年得了阑尾炎，把阑尾给切了。后来研究发现阑尾里备份了人体肠道需要的各种细菌，像一个肠道菌群的诺亚方舟。阑尾切掉了，那么肠道的菌群就失去了平衡，就会导致各种健康问题。

此时，我又想到公元前四五世纪的希氏之语与19世纪的梅氏之言，人的疾病与肠道微生态息息相关，而肠道微生态平衡的首领居然是益生菌。益生菌犹如我们的"人体医生"，一旦这位"医生"受损，各种疾病便可乘虚而入。"益生菌"与免疫力有如此的重要关联，从此，我推开了研究益生菌的大门。

市场上名目繁多的益生菌，能承担起我们"人体医生"的职责吗？能有效管理我们的肠道健康吗？

我的研究告诉我，能承担起我们"人体医生"职责的益生菌，要符合三个条件：

第一，益生菌要有活性。这点市场上的很多产品都能做到，包括酸奶，只是其益生菌的含量和活性的程度多与少、强与弱的区别。

第二，益生菌要能耐胃酸。市场上的益生菌产品几乎有一半是达不到这个要求的。

第三，肠道管理中最重要的一条是益生菌在肠道中要定植。

所谓定植，就是益生菌能在肠道中着床，在肠道中发挥其作用，这是最重要的一点，但市场上很少有这样的益生菌。

如果益生菌不具备第三个"定植"条件，那么它对肠道管理只能起到"一日游"的作用。

我的研究很有成效，但绝不自鸣得意。能在肠道中"定植"的益生菌在哪儿？我，寻寻觅觅，寻寻觅觅。

时间定格在2022年的春季，我终于找到了——5R益生菌！我犹如发现一个新大陆！

偶遇了一位失联很久的研究功能医学的医生，知道他生产的益生菌产品是达到 5R 标准的，且已经申请了多项专利，产品面世不久，却好评如潮。

我听后非常兴奋，十多年来，虽然通过自然疗法，我的癌症、股骨头坏死、心脏已基本痊愈，但是肠道的土壤至今没有彻底改变。家族三代遗传的便秘，还时不时困扰我。

所以我决定试用这款 5R 益生菌产品。我有个习惯，在试用任何一个新产品的过程，会做一个阶段性的评估，为此我停止了之前每天服用的通便产品，认真吃起这款 5R 益生菌。

世界卫生组织认为健康肠道的大便需要达到五个要求：

第一，形状是香蕉状；

第二，软硬度是软便；

第三，成形；

第四，颜色是金黄色；

第五，便后手纸上没有痕迹。

我十几天试验下来，有时候一天一次，有时候一天两次，也有一天三次的，全部成形，并有点符合世卫组织所说的健康肠道生态的大便。

什么是 5R？5R 是功能医学肠道管理中五个要素的英文词汇的首字母。

第一个 R 是 Remove，移除。移除病原菌，移除炎症，避开肠毒素，避免过敏源。

肠道通透性增加后，各种有害物质容易透过受损的肠道黏膜进入血液循环，因此减少有害物质接触是肠道修复的第一步。

第二个 R 是 Replace，取代替换。代替内环境，补充消化酶。

消化不充分的食物大分子容易通过受损的肠道黏膜进入血液，刺激身体的免疫系统。特别是肠漏患者，需要加强消化功能，减少食物不耐受的发生。

第三个 R 是 Reinoculate，重新引入。重新植入益生菌和微生物。

肠道中存在大量的菌群，其中有益菌可帮助分解膳食纤维，产生供肠壁修复的短链脂肪酸，提升肠道免疫防御功能，同时能维持肠道环境的多元化，抑制有害菌的过量生长。

第四个 R 是 Repair，提供营养支持。修复肠道黏膜，保持黏膜完整。

肠道黏膜受损是导致食物敏感增加的主要原因，补充有助于肠道黏膜修复的营养物质是恢复肠道健康的关键。

第五个 R 是 Re-Balance，定植（再平衡）。让好的益生菌定植在肠道中，不要"一日游"，并起到"平衡"的作用。

从此，我的脸色开始变好，萎缩性胃炎大大改善，"肝阳上亢"的症状也明显平复了。

疾病始于肠道，同样健康也始于肠道。

Q&A

秦　畅：这点非常佩服您，您确实有拯救自己的能力，还把自己成功的体会不断地分享给大家。肠道微生态与免疫力的关系，这是目前很受关注的话题。我想请您谈谈，我们的免疫力是如何一点点丢失的？又该如何找回来？

潘肖珏：这是一个好问题。我认为，第一，在不健康饮食中丢失。比如高盐饮食，这会伤害免疫系统，削弱抗菌反应。一项来自德国波恩大学的研究发现，高盐饮食的小鼠患严重细菌感染的概率更大。也有实验表明，经常一天吃两份快餐的人，有明显免疫缺陷。

第二，在熬夜中慢慢丢失。睡眠不足者，严重影响免疫系统 T 细胞功能，并妨碍 B 细胞产生抗体。与正常睡眠者相比，每晚只睡 4 小时的人抗体会减少 50%。

第三，在心情烦躁中丢失。大多数存在心理障碍的人，不良情绪会辅助诱导 T 淋巴细胞减少，并抑制 T 淋巴细胞增加。而 T 淋巴细胞是人体免疫系统内功能最重要的细胞群。

第四，在久坐中慢慢丢失。现代人"雕塑"生活严重，这种不使用肌肉的生活，会使身体变冷变寒，造成免疫力下降。

那么，我们又该如何找回免疫力呢？

首先是建立良好的生活习惯，杜绝不健康饮食，补充 5R 益生菌，维护平衡和谐的肠道微生态，每周坚持锻炼。美国国家医学图书馆一项报告显示，运动能够帮助"冲洗"肺部细菌，提高免疫系统检测疾病的能力。

培育这口 "气"，能活天年

2005—2010 年，我一直处于"被动挨打"的局面中，几乎是每隔三年就遭遇一次大病。于是，求医问药，一路披荆斩棘，一路因病探道。人就是这样，不生病的时候，不会有如此的刚性需求。当然，不生病时的"道"，可能隐藏得很深，也不太容易被发现。而如今，大病当前，生命屡亮红灯，最柔弱的处境，也许正好是我发现"道"的地方。求生的本能促使我赶紧踏上探求生命真谛的"道"，企盼"道"就在前方。

什么是生命真谛的"道"？

"道"的始祖——老子告诉我们：道乃"自在"之状。由此，我的逻辑思维告诉我：生命之道就是生命自在运行的一种规律。于是，什么是健康，什么是生病就由此明了：健康，就是生命自在运行正常；生病，就是生命自在运行失常。

如何保证自己的生命自在运行正常？这就是我探道的目的。

先从认识自己的生命体开始。

原先我理解的集身、心、灵于一体的生命体，是由物质化的躯体（"身"）和精神化的意识（"心"和"灵"）两部分构成的。自从学习了《淮南子·原道训》中对生命体的表述，我开始修正自己对生命体的观点：

"形者，生之舍也；气者，生之充也；神者，生之制也。一失位，则三者伤矣。"

古人说得很精辟，生命体是由形（躯体）、气（先天的自在系统）、神（后天的意识系统）三部分组成的。

形，是气和神"居住"的"房舍"；气，是让生命能自在运行的支持者；神，是生命的制约者、主导者。三者一旦失去各自应有的地位与作用，就会受到损伤。

当然，三者中"神"为第一位，并以此区别于一般动物；"气"虽为第二位，但它却是充实生命的，并由此体现生命的活力；"形"为第三位，是生命的载体，如果没有它，生命是无法显现的。这三者既具有独立性，却又不可分割，共同构成了人的生命体。

搞清楚生命体的构成，对我们来说，意义非凡。它让我们知道"躯体"和"生命"不是一回事。躯体只是包裹生命的外壳，气和神才是生命的内核。好比"核桃"是由核桃壳和核桃仁组成的，但核桃壳与核桃不是一样东西。

我们研究疾病和治疗疾病的逻辑起点是集形、气、神于一体的"生命"，而非"躯体"。生命之所以能存在，是因为它有指挥生命存在的意识系统"神"和让生命自在运行的"气"。而人生病了，往往都是"神"的系统和"气"的系统出问题了，于是导致生命的自在运行失常。所以，如何使生命的自在运行不失常，是我们努力的方向。换句话说，通过何种途径把握生命的主动，这才是使生命正常自在运行的真谛。

探道、学习，我在兴奋不已的同时，也发现了中西医的一些不同之处。

中医"治病必求于本"。本在哪里？本不在躯体的病灶上，病灶是全身问题的局部反应，是疾病的"标"，而非"本"，本在生命。而生命是整体的、系统的、动态的。于是，"整体性、系统性、辨证性"就成了中医治病的方向。所以，上病可以下治，下病可以上治，外病可以内治，内病可以外治，这些都是中医的临床思路。

而西医则不然。西医教学的基础定位在人体的解剖结构上，这样，一开始就显示出与中医不同的认识疾病的思路。而后，西医对物质躯体的研究越分越细，然而，人体原本是一个有机的整体，不能微分。一切隔离生命整体的研究，其得出的数据应该是准确的，却不是正确的。因为对的数据，不一定是好的结论。

中医与西医对待疾病的不同理念，也导致了治病方法的差异。比如，同样是对待人身上的毒素，西医叫"消毒"，而中医却叫"排毒"。

西医旨在消灭毒素。既然目的是消灭，那势必是一场战斗，其手段当然是攻击性的、置于死地的。而人体的毒素是永远消灭不光的。健康带菌是人与微生物相互适应的一种动态平衡，带瘤生存也是人与肿瘤生命相互适应的一种动态平衡。

而中医旨在排除毒素。用的是"和人而病自治"的思路，"人"为本，"病"为标。"和人"就是扶正，以调动生机来调和病体，疏经通络，让毒素自排，此乃生命自在之法也。

最好的例子是我认识的上海的一位陈姓针灸专家，10年前得了肺癌，术后，他用的是中医疗法，而非西医的放化疗。他吃中药调和机体；每天给自己扎针，并用梅花针敲一些关键穴位；无论酷暑或寒冬，风雨无阻地坚持天天散步；经常从上到下地全身按摩。如今，他70多岁了，神清气爽，每周两次到医院为病人坐诊。2010年，我在上海市针灸学会的学术会议上见到他，气色相当好。作为上海针灸界的老专家，他在会上用自己的案例证明中医的"和人"治病理念之正确性。

在这个世界上，肯定是先有人类，后有医学。不管是西医也好、中医也好，营养学、养生学等都是从自身研究的角度出发对人体做一个自己认为正确的解释。然而，任何解释都不会影响事实本身——生命自在运行的规律。

有人针对当下主流医学的现状，不无调侃地说：19世纪，上帝死了（科学战胜了宗教）；20世纪，人死了（指现代医学中，只剩下人的躯体，而精神、意识、思想、情感等被人为地抽去了）。而我的声音是：21世纪，东方生命医学复活了。

西医偏重于躯体医学，中医偏重于生命医学。这是两种不同的医学。所以，我们看病时要走对门。有的病要看西医，比如急性病，比如非手术不得已活命的病；有的病最好看中医，比如各类慢性病；还有的病既不要看西医，也不要看中医，只是要看上帝，比如回天乏术的病；而大多数时候，则要靠我们自己，靠我们生命中的两只看不见的"手"。

一只看不见的"手"是生命自信。

生命自信源于生命体形、气、神中"神"的层面。治病的方法，根本是先要让自己的精神健康。

有人说，癌症病人有三死：一是吓死，被恶性诊断书吓得丧失自信心；二是穷死，支付巨额医疗费用倾家荡产；三是苦死，因各种错误疗法、过度疗法受尽折磨。

所以，遇到大病，首先可以做到的是"不要被吓死"。因为摧毁生命自信，就会扰乱生命的自在运行。生命自在运行一旦失序，就会加剧病情恶化。所以，初始的生命力源于一个人强大的生命自信。

紧接着的是通过什么手段才能做到让生命自在运行正常？这就是我在找寻的另一只看不见的"手"。

我国古代道家，苦苦追求长生不老的秘诀。虽然追求不到长生，却追到了让生命自在运行正常的一套方法。这就是老子提倡的"致虚守静"，外静而内动。生命自在运动正常，人体的阴阳就会在这种"慢动"中自我调节，

寻找自己 ● 每个人都可以是"奇迹"

气机运化就会畅通无阻，有病治病，无病养生。这就是自古养生家们苦苦寻觅的长生之"药"—— 培育这口"气"，能活天年。

据我国学者的研究，在中国古代儒、释、道、医四家 12000 多个历史人物中，从平均寿命来看，以道家最高。道家采取诸如吐纳气功、静功（或站、或坐、或卧、或行）、心性养练等术保养性命。又通过不问世事、摆脱社会人际关系来使"身"不受任何外在损伤，达到避免生命早夭的目的，从而长寿。联想到我老爸 70 岁开始练站桩功，10 年后，居然能将心脏病逆转，再次证明神调气，气调身，生命体中"神"与"气"、"气"与"形"三者之间相互化生的强大威力。

练"气"，能帮助生命自在运行正常，我琢磨，这只看不见的"手"的作用，其背后的理论支持是中医。

中医视人体为"活"的气行系统。所谓"气行"，也就是气的各种运动形式，如上升、下降、外出、内入、吸引、排斥。由此看来，生命是一种行为，由"气"的运动行为组成。所以，大多数疾病刚开始的时候，都不会在躯体上看到异常。此时去看西医是很难诊断的，因为初始的疾病主要表现在"气"的变化之中，或滞、或乱、或偏盛、或偏衰等，中医叫作"气机运行不畅"。中医根据辨证来使用一些中医手段，"调其气所平，则无病矣"。

《难经·八难》中说："气者，人之根本也，根绝则茎叶枯矣。"气在生命活动中具有十分重要的作用，生命的生长、发育、衰老、疾病和死亡都与气的运动变化有关。第一，"气"的存在与否，决定生命是否存在；第二，"气"作用的性质，决定生命自在运行是否正常。所以，生命体的形、气、神中的"气"是生命原动力。

我开始研究养气、护气的各种使生命自在运行正常的方法：静坐练气，生命在于慢动。

在所有的研究资料中，道家提倡的"生命在于慢动，生命在于静止生动"这一理念让我顿觉眼睛一亮。

仔细想想，这观点是真理。咱看看动物界，是狼长寿，还是龟长寿？再看看我们人类，是运动员长寿，还是书法家长寿？以前，我总认为生命在于运动，这运动无非是指跑步、爬山、游泳、打球、跳舞等外在运动，殊不知，那种四肢不动而以静化动的内在运动，才是真谛。而道家的站桩功、静坐功就是最好的"以静化动"的内在运动。

道家的生命观让我终于明白了只有练静功，才是我永葆身体健康的唯一重要法宝。人体的健康源于"阴"和"阳"的平衡。

所谓阴阳，是指人体内的两种生命物质：一是生命里的那把火，也就是阳物质；一是清澈见底的生命之泉，也就是阴物质。当我们体内阴阳物质比例不平衡的时候，身体就会不舒服，甚至得病。而练功之人可以通过练功，让身体自我调节阴阳，平和体质，从而少生病，不生病。

我练功是从练"深呼吸"开始的。

所谓"深呼吸"，就是吸气时小腹要跟着收缩，呼气时小腹要跟着放松。用医学的语言解释，这样做的目的是使小腹的鼓荡能带着腹腔和胸腔一起运动，不但吸氧量多，而且腹壁前后运动加上膈肌的上下运动，还能使胃、肠、肝、胆、脾、肾等各器官得到"按摩"（蠕动），加强这些脏器的气血循环和功能的发挥。

刚开始练习的时候，只做了五六下，就觉得很吃力，勉强做完十下，就要躺下。但一个月后，我就可以增加到二十下，半年后，又增加到三十下，一直保持到现在。

练深呼吸，一是要慢，只有慢才能达到呼吸"深"的效果；二是要专注，专注自己腹部一起一伏的过程，想着五脏六腑都在呼吸、在按摩，因为意识的导引往往能起到事半功倍的效果。

"深呼吸"做得好，身体会感到阵阵发热，有时身体会有一种微微的飘逸感。当然，这种感觉是可遇而不可求的。

我的一位医生朋友对练"深呼吸"的原理讲得更透彻：日常生活中，每个人都在呼吸，然而，我们平时的呼吸都是无意识的反射动作，每次吸进肺部的气体容量很有限。事实上，呼吸频率越快表示呼吸量越小，好不容易吸进的氧气还来不及发挥作用，就又被送出去了，加上短促的呼气，更使得废弃的二氧化碳继续残留在肺里。因此，与其做高频次的短呼吸，不如经常提醒自己做深呼吸，帮助加速体内废弃物的代谢，净化血液。

我之所以先练深呼吸是为了日后练静坐功打基础。静坐就是坐禅。静坐是俗家叫法，坐禅是出家人的术语。人有四威仪，行、住、坐、卧，唯有坐最安定。所以不论道家、佛家，都采用静坐的方法。

静坐，心理上让身体自然地清静，不去干扰身体各个器官的运作与血液循环，使之自然地合乎生命自在的运行。静坐功是调心、调息、调身融为一体的。这三者中调心最难，所以，我先易后难，先把调息练好，再把调身搞明白，而后进入调心。

经常有朋友问我，静坐时，腿怎么放，手又怎么放？其实，这个问题就是静坐的"调身"。调身是静坐时如何调控最合适的姿势。这方面各门流派很多：腿的姿势有主张单盘的，也有主张双盘的，还有主张正襟危坐的；手的姿势有要求手心向上的，也有要求手心向下的，还有要求手指兰花状的、两掌合十的，等等。

但我看来，"道法自然"，只要选择一个自然的舒服的姿势就好，不必太刻意。我开始练时是手心向下放在膝盖上、双脚下地的端坐姿势。后来，我用两种姿势交替坐，即先盘腿、手心向上、手指呈"OK"状，有点像瑜伽的打坐。这种坐姿，目的之一是打开双腿内侧的三根阴经（脾经、肾经和肝经）；目的之二是减少并放慢下半身的血液循环，这也就等于增强了上半身，特别是胸腔和脑部的血液循环，能使呼吸系统不受阻。当自己感觉腿开始发麻了，我就恢复先前的姿势。这样的调身方法，我一直坚持到现在。

在正确方法的指导下，我静坐的效果逐渐显现。有一次，我意守"中脘"穴（因为那天我胃部不舒服），并反复默念"胃……松……"两字。静坐到20分钟时，感到双手手心有强烈的刺感，随后，全身产生"蚁感"，即像蚂蚁在爬的感觉。接着，开始打嗝，腹中发出"咕咕"响声并放屁。大约坐到30分钟时，双侧大腿的内侧开始冒冷气，直至大脚趾的隐白穴（脾经的井穴）。这时，我用"观想"反复诱导自己将病气从这穴位排出，以此来加速排病气、增大疗效。又过了10分钟左右，身体开始发热，微微有汗。奇怪，人一动不动地坐着，居然会出汗。难道这就是"静止生动"？

事后，我在书中找到了"静止生动"的原理。静坐时肢体不动，血液从肢体回流到内脏，并把全身重心安定在小腹。腹腔中产生内压，就能逼出局部瘀血，健康的血液才会返归心脏，并且充实内脏，内脏就"动"起来了。这一"动"，渐渐感觉内气温热，同时血液循环十分流畅，无阻无隔，可贵的阳气就被激发、被保存，然后被吸收。

人的生命全在"阳气"二字上做文章。只有阳气旺盛，人体的自我康复能力才能正常发挥。这就让我想到，有些经常跑步，或做剧烈运动的人，为什么还会怕冷？原来，外在高强度的动力使他的阳气极易耗散，此时如果他只有外动，而没有内运，其阳气就不能很好地保存下来，最后导致阳不足而畏冷。

我最得意的一次是我用两种静功方法，缓解我的心脏病。那天，我心脏非常不适，憋气，心跳快，四肢发软。心电图报告：心肌缺血较严重，而且伴有心动过速。

我按常规服了麝香保心丸，且舌底含丹参滴丸。而后，静坐。我先"意守"心脏部位，5分钟后，将其引至脚底的涌泉穴，当脚底感到微微发热时，我用"观想"下病气。半小时后，我开始躺在床上，做道家的先天大卧功：四肢摊开，好似躺在绿波轻漾的湖面上，忘记呼吸，身心轻安，人似一个"皮囊"……慢慢地、慢慢地心脏开始舒坦了。大约一小时后，我坐起来，检查血压和心速。血压从先前的 145/95 降到 110/72，心率从 96/分钟降到 78/分钟。一切恢复正常！我随即收功，马上上床睡觉，巩固练功成果。

这样的练功，虽妙不可言，但不要太刻意，只要坚持，慢慢地、慢慢地才会功到自然成。

学禅的人念经打坐，举整个心力集中在一个"经"上，越集中力量越强，等到集中到顶点，忽然一念顿歇便能湛然洞澈。这也就是定能生慧的集中表现。从这里可见，静坐，小之可以康强身体，大之可以明心见性。

人所具有的一切智慧，不完全是从书本里学来的，而更多是从自己的真诚心、清净心，从定中生出来的。

健康的根本在心。一切法从心生，心净则身净。所以得病了，有时要靠自身的修复系统来修复自己的疾病。其实人和动物是一样的，动物的病都是靠自愈，人难道不能吗？

我喜欢练静功，特别是练静坐。静坐能影响人体生理功能，外而五官四肢，内则五脏六腑。古人云：天君泰然，百体从令。不吃药不打针，开发自己体内的资源，防病治病。看一个人的状态，观相不如观气，观气不如观心。畅通的经络需要"清净心"。一切七情六欲都会破坏清净心，从而破坏经络的正常运行。与其相信药物，相信检查的数据，不如相信自己的感觉，相信自己所具备的自我调节能力。牢记一条：别人的作用都是外因，你自己才是真正的内因。当然，这需要在你得"道"了，智慧开了的前提之下，才能分辨这一切。

Q&A

秦　畅：潘老师您喜欢静坐，我知道这方法对身体很有好处，但是我们静不下心来的，一坐，脑子里像过电影一样，事情都会冒出来的。所以，就会放弃。

潘肖珏：很多人畏惧练静坐就是认为自己难以将"心"调下来。确实，练静坐最难的就是调心去"妄念"。刚开始，人一坐下来，脑子就由不得你控制了。一件一件事情，清清楚楚地挨个儿想，你刚把它拉回来，没几秒钟，它又开始放风筝了。原以为，我只要把调息和调身搞定了，这"心"不静也会静，"心"会自然进入调控状态。但实践下来，完全不是那回事儿。

心有两种，一是真心，一是妄心。真心是水，妄心是波，波因风动，风止波息，而水不动。寂然无念，是无心心也。

刚开始，我连续练了两周静坐，一点感觉也没有，简直是枯坐。我有点耐不住了，问一个练静坐的朋友，他说当天就有感觉；看看书中的许多案例，最晚的9天也有感觉了。莫非我又成了例外？我翻阅了很多静坐的资料，并将因是子（我国著名教育家、养生家蒋维乔的别号）的静坐书籍反反复复看了个仔细，还请教了一位道中之人，终于知道"调心"是件很不容易的事，它有三个阶段：意守、观想和入静。其中，意守阶段是调心的灵魂。

我开始认真对待"意守"。在操作上是主观感觉将意识从头脑中移出，安放在意守的具体事物上。比如意守丹田，意守你的病灶，意守远山、大海、草原等都行。

意守的目的就是"精神内守"，心无旁骛地集中在一个点上。集中在这个点上的"神"，日积月累会在体内产生一股"力"，推动体内阳气的生发。这如同人们通常用凸镜摄取日光于一焦点，便能发生高度的热力，产生燃烧功能是一样的道理。

医学解释：意守时的脑电波会从 β 波变成 α 波，此种波形可使脑阻力下降，加强大脑内信息的传导，可提高记忆力；又可以通过改善中枢及机体功能，达到防治疾病的目的。

道家解释：所谓意守静养法，就是安坐在床上，把身心一齐放下，自己浑身如融化，不许用一毫气力，好像没有这个身子似的。呼吸顺其自然，心也不许它用一点力，一起念便是用力了。把心守在脚底板下，此是引火向下，引水向上，自然全身气血顺畅。真正达到凝神定气、物我两忘的境界。

我之前是每天期盼自己有"感觉"出现，于是就不自觉地越过"意守"，而直奔"观想"和"入静"，太急于求成了，这就起了"妄念"。这样的静坐是形静而神不静，当然是劳而无功的。

第六章

潘氏『药房』：自己的食谱

乳腺癌术后，我没有采取大部分人习惯的三部曲（手术、化疗和放疗）的治疗方案，而是走了另外一条三部曲的治疗方案，比如食疗，根据体质与病情来指定自己的食谱，让病从口出；又比如，搬到生态岛崇明去，沐浴负离子疗法；再比如，用道家"静极生动"的原理，学习静坐，调养"气息"来扶正祛邪。

很多朋友问我，放弃放化疗，这个做法是不是有点冒险？平心而论，这样做是冒险的。万一我的选择不成功，癌症就有复发的可能；也不排除就这么"挂了"的可能。这的确是一种"向死而生"的选择。

同理，我如果遵医嘱的三部曲，也不可能有百分之百的成功保证。所以，不管选择"左"，还是选择"右"，最后的"不确定性"都是存在的。唯一区别的是我的三部曲对身体伤害小，甚至没有伤害；医院的三部曲对身体是对抗性的。而当时的我，是一个已经躺在病床上整整半年的人，显然，承受不了对抗性的治疗。

我把"死"安排好，就决定走这个不放化疗的自然疗法之路。而"中医"是我必须跑步进入的研究领域。

Q&A

秦　畅：您对自己身体出现不适症状时，首先不是吃药，而是先用食疗来调整。这对我们普通人来说，并不都具备这样的能力。这怎么办？

潘肖珏：这个问题提得很好。这确实是需要我们平时多学点中医基础知识，要有判断自己身体的能力。除非是急性疾病，应该马上就医。

人吃五谷，免不了要生病，但不能一生病，就马上想到吃药。"是药三分毒"，药毒猛于虎。"医学之父"希波克拉底早在2400多年前，就提出"我们应以食物为药，饮食是你首选的医疗方式"。

唐代名医孙思邈说："知其所犯，以食疗之。食疗不愈，然后命药。"中国最早的医书《黄帝内经》说："大毒治病，十去其六，常毒治病，十去其七，小毒治病，十去其八，无毒治病，十去其九，谷肉果蔬，食养尽之。"这明明白白地告诉大家：对一些慢性病，饮食治病治十分，且无毒。

秦　畅：饮食治病治十分，有的人不相信，太夸张了。按这样说，医生也不需要了，医院也可以关门了。

潘肖珏：要回答这个问题，就让我想起，曾几何时，中西医之间的一番对话。中医说：肾开窍于耳，肝开窍于目。也就是说，肾亏会影响耳朵，肝旺会影响眼睛。于是，西医说，请拿出细胞学和解剖学的证明。

中医不予回答，因为这是两套系统，不属于一个思维模式。但大量的临床证明：凡是对肾脏有影响的药物，都会对听神经产生副作用。近些年，西方的医学家终于发现：人的肾脏和听神经，都是由同一个胚胎细胞分裂而生成的。这一来西医和中医终于握手了。

由此可见，之所以有人武断地说"饮食治病治十分"不可能，关键是因为如今人们对"饮食治病治十分"的很多原理和操作，尚未完全认识，包括为什么要提倡癌症患者多吃碱性食物，多食蔬菜水果。

第一个食谱为何失败

我懵懵懂懂地闯进了中医领域，让我眼前一亮的首先是唐代著名的医学家孙思邈，读着孙思邈的话，我觉得自己有救了！

孙思邈是药王，专门研究药的。据说他活到了 102 岁，在唐代能超过百岁，绝对是凤毛麟角。

孙思邈有一句金句："夫为医者，当须先洞晓病源，知其所犯，以食治之。食疗不愈，然后命药。"是啊，我为什么不能"以食治之"呢？

接着，我又欣喜地看到希波克拉底的话，"我们应该以食物为药，饮食是你首选的医疗方式"。

这一中一西两位医学巨人，让我知道，我前方的路在哪里。

读书最大的好处是什么？

读书能让我不再害怕未知，不再害怕那诸多的"不确定性"。

我启动了我的干预手段。为了不耽误时间，我准备用一位日本医学专家推荐的一个普适性的食疗方：每天早餐加入苹果胡萝卜汁。这是瑞士某医院给慢性病病人的食疗方之一。那位日本医学专家患有顽固性肠炎，在瑞士这所医院用这个食疗方治疗了一段时间，肠胃道顽疾居然痊愈。

苹果胡萝卜汁，我当时就觉得有三大好处：一是全天然的健康食物，且方便简单；二是能够提高免疫力；三是防癌抗癌。

从此，我每天的早餐就多了一杯苹果胡萝卜汁。心理学上有个说法，任何一件事，只要坚持 21 天，身体就会有记忆。我坚持了 21 天。

问题来了。

我发现双手双脚蜡黄，后来脸也开始黄了，我心里有点紧张。怎么会蜡黄？一般来说，如果肝胆有问题，是会导致身体发黄的。所以我必须到医院去做个临床检查。检查结果，全部正常。这就排除了手脚发黄的病理性问题。

我琢磨，这很有可能是与每天吃的胡萝卜有关。我开始研究胡萝卜的吃法。

经过研究才知道，原来吃了几十年的胡萝卜都不知道怎么个吃法，才能把胡萝卜的营养价值最大化。

以前，胡萝卜的吃法无外乎三种，第一种就是当水果，生吃；第二种就是把它切成丝，凉拌，当凉菜吃；第三种就是把它切成片，与其他的蔬菜一起炒。殊不知，这三种吃法都不太对。

科学的食用方法是：第一，胡萝卜一定要熟吃，且用油先煸炒。因为胡萝卜是脂溶性食物，其中的胡萝卜素一定要通过油，才能释放，才能将胡萝卜素转化为维生素 A。

第二，煸到什么程度胡萝卜素才能释放？煸到胡萝卜素的黄颜色出来，即可。

第三，提倡胡萝卜与肉类（牛肉、猪肉、羊肉）一起烧，那就不用油煸了。烹饪的时候用压力锅，这样可以减少胡萝卜与空气的接触，β-胡萝卜素的保存率就可以高达 97%，人体的吸收率也可达到 90%。实验证明：β-胡萝卜素在体内的消化吸收率与其烹饪时所用的油脂量密切相关。

因为 β-胡萝卜素只溶于油，不溶于水，且煮熟以后，糊状的胡萝卜汤也不会损失任何营养成分，还比新鲜的胡萝卜具有更多的抗氧化剂。

懂了这些道理，我开始研究用什么油？这点非常重要，这是食疗的"配伍"问题。

我首选山茶油。山茶油味道清香，且帮助消化，还能抗癌。

用山茶油把胡萝卜丝煸成黄色，然后与连皮的苹果（经过清洁）在破壁机里加点温水，搅拌成糊状，不再榨汁了，这样能增加食物的纤维素。更重要的是胡萝卜苹果糊是有温度的，原来榨汁是冷的，喝冷的不利于脾胃的养护，毕竟中国人的体质与外国人不太一样。就这样，我终于完成了自己的第一张食谱。

其中悟出了什么？

第一，不能生搬硬套别人的食谱，适合自己的才是最好的。

第二，选对食物固然重要，但它的烹饪方法，也很重要。科学的吃法才能使食物的使用价值最大化。

第三，选择什么食物与什么食物配对，犹如选择和什么人一起步入婚姻一样，如果没有协同心，那就是糟蹋。这次选择山茶油助推了胡萝卜价值的彻底发挥。

第四，好的食谱，能让其产生养生价值的时间节点是不能低于 21 天的坚守。因为它是食疗，不是药，所以需要耐心。

我坚持这个食谱半年多，手脚再也没有出现蜡黄的现象。而且大便改善很多，慢性结肠炎引起的经常性腹痛，消失了。人的精力也旺盛起来了。为了食物的多样性，这个食谱也没有必要天天吃，隔三岔五地吃，与其他食谱轮换吃。

最成功的食谱，让我白发转黑

经常会被人问道：潘老师，你这十几年中，最成功的食谱是哪个？我思索了一下，要说最成功的食谱，那一定是能大大改善我生命质量的，抓到生命本质的食谱。如果从这个意义上来衡量，应该说是没有的。换言之，没有一个单一的食谱能全部解决身体所有问题的。而精准的表达，应该是哪些食谱的方向，或者说食谱制定的哪些原则是能解决身体一些根本问题的。

我当时的状态，第一是久病（将近半年笔直地躺在病床上）；第二是大病（严重乳腺癌术后）；第三是5个月里3次全麻手术。所以，整个人元气大伤。当时最明显感觉就是浑身关节酸痛，膝盖尤甚，非常虚弱。

中医古书《辅行诀》认为，"肾气虚则厥逆"。一般表现为手脚冰凉、关节疼痛。这是因为体内没有额外的力和气去顾及自己的"枝节末梢"。

中医认为，肾主骨。而我的肾气严重不足就会导致关节酸痛。所以，补肾强骨，这就是我改善现状的食谱原则。

补肾的食材，很多。但我首选的确是那个不起眼的黑豆。理由源于《本草纲目》。书中写道：豆有五色，各治五脏。惟黑豆属水性寒，为肾之谷，入肾功多，故能治水、消胀、下气，制风热而活血解毒。李时珍评价："常食黑豆，可百病不生。"

黑豆怎么吃？它有没有黄金搭档？我沿着这一思路，摸索方法。

用醋泡黑豆。

醋是强碱性食物，所以，选择用醋泡黑豆，不仅有利于我抗癌，还能更好地吸收与利用黑豆的蛋白质。

将洗净的有机黑豆，在锅里炒，炒到锅里有"噼啪"声，再文火炒5分钟，不要炒煳，而后熄火。放锅里冷却。等没有温度了，放入大口玻璃瓶里，将醋倒入，一定要没过黑豆。一天后，黑豆吸干了醋，再倒入醋，没过黑豆。而后放入冰箱，一周后，即可食用。

什么时候吃最好？早餐。早上是补肾气的最佳时段。吃多少？听孙思邈的：黑豆少食醒脾，多食损脾。所以，我每天早餐时食20粒左右。浸泡过黑豆的醋非常好，不能弃之。但不要再浸泡黑豆了。

我还把黑豆变着花样吃。

乌鸡黑豆汤。

乌鸡必须是皮、肉、骨俱黑的，羽毛雪白，顶冠凤头。坊间说，癌症患者不能吃鸡。但我查阅了许多资料，正宗的家养乌鸡，癌症患者是可以吃的，可以提高免疫力。

这个乌鸡黑豆汤，取黑豆3两（先用净水浸泡两小时），乌鸡（去内脏）一只。用炖锅炖至烂熟，起锅时，放盐，放点黑胡椒粉。而后喝汤吃肉吃豆。

一个月吃一次。这个汤，除了补肾，还能养血。所以，改善了我面色萎黄、无华、乏力、耳鸣等精血亏虚的症状。

为了加速黑豆的效果，我把核桃、黑芝麻酱（黑芝麻酱能破壁，有利于吸收）等都拉进了黑豆的朋友圈了，补肾的协同效应瞬间放大。

核桃，每天三颗。黑芝麻酱也是我餐桌上的常客。

有一段时间，我失眠很厉害。我思忖是心肾不交而引起的。再次想到"黑豆"。桂圆能安神补心，应该让桂圆与黑豆结合，但中间的媒介应该是

"酒"，就能让黑豆与桂圆的结合更完美。什么酒？因为我喜欢吃酒酿，就用米酒来泡黑豆与桂圆肉。

黑豆桂圆酒。

黑豆2斤（熟的，与醋泡黑豆的制作方法同），桂圆肉1斤，米酒5斤。放冰箱密封10天后开启。每晚睡觉前半小时，10毫升米酒，10粒黑豆，少许桂圆肉。那时正值冬天，此款食谱，让我睡觉时脚底暖暖的，失眠状况改善不少。

大约坚持了3个月，我发现自己慢慢长力气了，感觉气顺了。半年后，关节不再酸痛了，还有的变化简直惊艳了——原本有点花白的头发开始黑了，有点松动的牙齿也坚固起来了。这真的让我喜出望外。

我一个寻根问底的人，问老祖宗去！

中医古书告诉我，黑豆能"益精补髓，壮力润肌，发白后黑，久则转老为少，终其身无病"。

明白了，原来如此。

一个人的头发与牙齿，与其肾气紧密相关。

小小黑豆与它的朋友们，成了我最成功的食谱系列，坚持了十几年，尝到"饮食治病，治十分"（《黄帝内经》语）的收益。

独乐乐不如众乐乐，我向朋友们广为传播这个食谱。

2011年，我受邀在上海东方广播电台的《名医坐堂》节目担任了一年半的嘉宾；2013年，我又受邀在上海人民广播电台的《活到100岁》节目担任了一段时间的嘉宾，我把自己捣鼓的黑豆系列食谱介绍给需要的听众，收到很好的反馈。

最给力的食谱，让我消除脾胃虚寒

在内服中药治疗乳腺癌的前两年里，由于大剂量的清热解毒的药，再加上使用生冷的蔬果汁的生机疗法，致使我的脾胃越发虚寒，经常腹痛，大便不成形，且黏马桶，人消瘦，面色土黄。这不是病，而是一种症状。这种症状的改变，没有西药，只有中药。中医说：脾胃为后天之本，气血生化之源。所以要想改变这种症状，就必须先调养脾胃。

调脾胃，食疗胜于药疗，当然是药食同源的食疗。我开始走上研究之路。

首先，我想到是八珍糕。这是我早年在一本杂书上看到的。八珍糕是清朝乾隆皇帝调理脾胃的保健食疗。乾隆是一位非常博学又注重养生的人，这款八珍糕实际上是他日常保养用的小点心。

基础方是：茯苓、白扁豆、莲子肉、薏米、怀山药、芡实。乾隆年轻时食用的八珍糕其余两味食材为山楂和麦芽，目的是消食化积；年老后，去这两味而改用人参和党参，目的是强身健体。

后来，慈禧也开始服用。但太医是改良了乾隆的方子，去了山楂而加了藕粉。故称之为"女八珍"，而乾隆的称之为"男八珍"。"男八珍"即原版八珍糕，又分为两种：健脾消积的和增补元气的。

不管是"男八珍"还是"女八珍"，都有改善脾胃虚弱、饮食减少、身体疲倦、面黄肌瘦的功效。但是，制作工艺太过复杂，必须将所有食材共研为细粉，过罗，搅匀蒸糕，每块重30克。每次服15克，日服2次，温开水送下。

我开始改良制作工艺，将所有食材共研为细粉，而后用水搅成糊状，煮熟。吃的时候可以加点土红糖，也可用咸味。

八珍糕为何会有如此神奇的功效呢？主要是它那八种药食兼用的中药的功劳。

方中的茯苓能健脾补中、宁心安神、利水渗湿，是四君子汤的主要成分之一。薏米健脾开胃、补中去湿。扁豆能理中益气、补肾健胃。

记得《红楼梦》第十一回写到秦可卿患病，终日不思饮食，贾母赏了山药糕，秦氏吃了两块，于是，就觉得"倒像克化的动似的"，山药帮助脾胃开始运化了。因为山药补而不滞、不热不燥，既补脾气，又益胃阴，禀性平和。

根据我的研究，这八珍糕的灵魂是三样：山药、莲子和芡实。它们在《神农本草经》中都被列为上品。我从此简化了八珍糕的方子，就用山药、莲子和芡实。

因为莲子能健脾补心、补虚损、益肠胃。而芡实是健脾补肾的首选，能补脾止泻、养心益肾、和胃理气、开胃进食。

我的做法是将山药、莲子、芡实，三等份，打成粉，煮成糊。刚刚开始的一个月，是早晚各一碗，后来就早上一碗，坚持了三个月，原来那些症状都消除了。

我把这个食谱广泛介绍给需要的朋友，没有想到，效果都是满意的。

四

最需要的食谱，让我有全营养的主食

　　为了跟踪自己身体的健康状态，我做了功能医学体检，其中"慢性食物过敏"的检测告诉我，我对鸡蛋中度过敏。一般中度过敏的食物需要脱敏后才能再吃，不然对身体不利，且会造成一些慢性疾病久治不愈。根据功能医学医生的医嘱，脱敏的过程需要我三个月内不吃鸡蛋，而后每隔四天吃一个鸡蛋，坚持三个月后，就能正常吃鸡蛋了。

　　可那时正值全民都在千方百计用饮食来加强自身的免疫力，当然也包括吃鸡蛋。而我却在这么关键的时刻要停止三个月吃鸡蛋。这样的"反常"行为，让我有点焦虑了。

　　一天，与一位企业家朋友微信聊天，说起我鸡蛋慢性过敏，这三个月不能吃鸡蛋了。我想问问，她那边是否有比鸡蛋更具备优质蛋白质的食物，因为朋友从事优质健康食品的行业。

　　朋友马上说："潘教授您鸡蛋过敏，那可以吃我们的藜麦。藜麦的蛋白质优于鸡蛋的蛋白质。"

　　朋友告诉我，美国宇航员和俄罗斯宇航员进太空吃的主食之一就是藜麦。因为藜麦具有极高而且全面的营养价值，在植物和动物王国里几乎无与匹敌，其蛋白质、矿物质、氨基酸、纤维素、维生素等微量元素含量都高于普通的食物，与人类生命活动的基本物质需求完美匹配。所以，藜麦对执行长期太空任务的闭合生态生命支持系统的宇航员来说，不仅仅是健康食品，更是安全的食物。

其实对藜麦，我早先也有所了解，但没有深入研究它的关键价值，以至于在自己急需调整饮食结构的时刻，却遗忘了藜麦。

我又开启了对藜麦的研究。

最让我惊奇的是：联合国粮食及农业组织（FAO）研究认为，藜麦是唯一一种单体植物即可基本满足人体全面营养需要的食物。国际营养学家们正式推荐藜麦为最适宜人类的完美"全营养食品"，并将其列为全球10大健康营养食品之一。

藜麦，终于让我消除了因不能吃鸡蛋产生的焦虑。

上网一查，藜麦销售的网店还真不少。孰优孰劣？无法甄别。我又一次找了朋友，因为我信得过她的产品。

"您觉得藜麦如何吃法更好？"我进一步咨询服用方法。

"先将藜麦泡洗干净，而后用豆浆机打成藜麦汁很好。如果与粳米一起熬藜麦粥，也非常好。当然，与大米一起，烧饭也可。"朋友一口气说了三种吃法。

半年多的实践证明，经常吃藜麦，对保护我的心血管非常有帮助。藜麦中含有丰富的镁元素，可缓解血管压力，保护心血管。

我介绍给了一位糖尿病朋友，他坚持了五个月，血糖稳定了。因为藜麦中含有丰富的膳食纤维，可加速肠胃蠕动，减少葡萄糖在小肠内的吸收，对调节血糖有帮助。

藜麦再好，也有禁忌人群，比如低血糖者。藜麦还有不宜同食的东西，如螃蟹、柿子等生冷寒凉食物不能同食，因为会加重肠胃负担，导致消化不良，出现腹痛、腹泻症状，还可能导致结石。

前两年，我还得知，美国宇航员补充维生素的食品是沙棘。为什么进太空要吃沙棘？因为沙棘抗辐射。

关于沙棘的价值，我查阅了很多资料。

沙棘系药食同源植物，1977 年列入《中国药典》，其果、叶有较强的药用和食用价值，VC 含量居各类果蔬之首，被誉为"天然维生素的宝库"。

我国明代著名医药学家李时珍整理编写的医药学巨著《本草纲目》中记载：沙棘，活血散瘀，利心脏血脉。他本人也评价沙棘："实，气味酸、温、无毒，主治久痢不瘥及心腹胀满黄瘦。"

《中国药典》中对沙棘的功效是这样记录的：止咳祛痰，消食化滞，活血散瘀。用于咳嗽痰多、消化不良、食积腹痛、瘀血经闭、跌扑瘀肿、血瘀、咳嗽、慢性支气管炎、胃痛等疾病。

如今我经常在藜麦粥里加入沙棘原汁，这就是我最需要的食谱。

最受追捧的食谱，爱你没商量

在我的食谱中，最受追捧的食谱是"开胃面＋金针菇汤"。这个食谱设计的由头是我乳腺癌术后，接二连三地出现身体状况，时而关节痛，时而慢性肠炎的腹痛，时而偏头痛等，胃口很不好，没有食欲。这怎么行啊！于是，我开始动脑筋，研究什么调味品是既能抗癌又能刺激味蕾，还能开胃的。我终于发现了一个东西，叫"咖喱"。

咖喱是一种调料，不少资料都明确指出"咖喱"中的姜黄素有抗氧化作用。我紧紧地抓住这一信息，仔细研究它到底是商家的广告，还是科学家的研究成果。

全球第一篇关于咖喱的药用价值的研究文章发表于 1970 年，到现在为止，在医学文献检索系统上已有 1700 篇文章。可以说，咖喱的药用价值已经引起了全世界的关注。

英国的最新研究指出，进食咖喱可以舒缓头痛。因为咖喱含有茴香、姜黄及红椒粉等香料，而这些香料蕴含丰富的水杨酸。

崇尚清淡的日本人害怕辣椒和花椒，却也热衷于咖喱。当美国营养学专家说，咖喱还能帮助减肥后，美国人更是对咖喱宠爱有加。

把咖喱放入面条，这是我设计"开胃面"的初始想法。做成汤面？还是做成拌面？试验了几次，发现拌面更好。经过若干次改良，最终的成品，应该是这样的：

食材：五谷杂粮的干面、橄榄菜、油咖喱、醋、香油。

制作：将面条在水里煮熟，捞在碗里，而后把橄榄菜、油咖喱、醋拌入，再加点香油。

这碗面制作很方便、简单，味道有点酸、有点辣、有点香，很开胃。放橄榄菜是为了增加咸味，这样，盐和酱油都不放了。当然，橄榄菜也有开胃健食、促进消化的作用。我用的是瓶装的橄榄菜，是腌制了的。咖喱用的是油咖喱，比咖喱粉入味。醋是一定要放的，陈醋、红醋、白醋均可，只要品质上乘。

另外，还要配上一碗汤，猪小排骨金针菇汤，汤里加点绿叶菜。这个汤的关键是金针菇。

台湾某电视台曾在一次防癌抗癌的节目中，播放了一位医学教授的演讲，提及最新的医学期刊报告，金针菇所含特殊的免疫调节功能蛋白质，在喂食给罹癌小鼠后，小鼠体内的免疫系统产生大量的自然杀手细胞，竟把癌细胞吞噬殆尽了。以此证实：金针菇抗癌。金针菇既含有抗癌功效的多醣体，也含有抗癌功效的蛋白质，两者可促进免疫系统产生大量特异性及非特异性抗体。

我以为，假如一位癌症病患能长期足量摄取金针菇，他的体内长期保持高度的免疫力，就有助于增加抗癌、治癌的能力。这个观念打破了目前一般人"多吃菌类保健身体"的笼统看法。

但金针菇不宜久煮，加热愈久，韧性愈高，不易嚼烂，消化不易，因此烹调时以短时间加热与切碎为最好。

所以，我把小排骨煮好后，起锅前把切碎的金针菇投入拌匀，再放点绿叶菜即可。

常食金针菇还能预防肝脏疾病和胃肠道溃疡，因为金针菇能有效地增强机体的生物活性，促进体内新陈代谢。金针菇还对高血脂、高胆固醇，以及心脑血管疾病有辅助治疗作用。这些功能对我来说，都是非常重要的。

这个开胃面与金针菇汤，我与朋友们分享，居然成为我所有食谱中最受追捧的。

这个食谱，值得追捧！

Q&A

秦　畅：潘老师，可以看出大家都很喜欢您的食谱。那跟着您，您吃什么，我也吃什么是不是就可以了？

潘肖珏：这样的想法，我觉得实在没有必要，甚至是错误的。因为我的食谱是根据我的身体情况制定的，每个人的体质不一样，完全拷贝我的食谱，这不妥。但是，我制定自己食谱的思路、原则是完全可以借鉴的，甚至可以学习的。

我的食谱是根据中医的理念，结合自己身体的状况，摸索着制定的。这期间有失败，有调整，是在慢慢完善的，只有经历了这个过程，最终才能找到最合适自己的食谱，且食谱是不断动态调整的，因为身体不是一成不变。

第三辑

遇见未知的自己

（第七章）

寻找自己

"真我"，何在？

　　我在"知天命"之际，遭遇了接二连三的悬崖与沼泽：有生命出现的连环大病，也有情感婚姻的再度断裂，还有财务状况的瞬间"跌停板"等，那些不期而遇的"事件"接踵而至。生活是那么的 360 度无死角，针针见血，无处逃遁！每晚都不知道"事件"与"明天"，哪一个先到。

　　那时的我：不该有的，我都有；该有的，我全无。这让向来自信满满，且身上有着很多标签（公共关系专家、品牌策划专家、高校教授、多本畅销书的作者等）的我，开始质疑自己：我还有让自己活下去的能力吗？职业是生病，那业余是什么？一片迷茫……

　　突然想起王朔的一段话："我曾经以为日子是过不完的，未来是完全不一样的。现在，我就待在我自己的未来，我没有发现自己有什么真正的变化，我的梦想还像小时候一样遥远，唯一不同的是我已经不打算实现它了。"王朔的这段话，触痛了我的神经。王朔是"没有发现自己有什么真正的变化"，而我是一切都变了：变成了一个"零乳房"女人；变成了生活无法自理的坐轮椅的残疾人；变成了几乎天天去医院治疗的职业病人；变成了黑夜独守空房的人；变成了无房无车的 21 世纪城市无产者……

　　尼采的声音来了："当你凝视深渊时，深渊也在凝视着你。"

　　迷茫中，我翻阅了一本小说《遇见未知的自己》（张德芬著），首先被书名吸引,"未知的自己"?我,未知自己吗?怎么可能,我对自己是什么样的人,清清楚楚。转而一想,也许吧。那么,"未知的自己"应该在哪里才能"遇见"呢?

Q&A

秦　畅:以往,人们总认为,只有自己最了解自己。现在看来,自己未必完全了解自己,还有"未知"的自己呢!这"未知"的自己,只有在遇到挫折时,遇到困境甚至绝境时,方才知晓。

潘肖珏:是的。《权力的游戏》里,布兰问:人在恐惧的时候还能勇敢吗?奈德说:人唯有恐惧的时候方能勇敢。普通人的勇敢从来不是大无畏,普通人的勇敢是一边害怕,一边向前跨了一步。人,唯其脆弱,才有力量。

因为人的内心有两面,一面是幽暗的,另一面是光明的,你做哪一面?是做幽暗的一面,还是做光明的一面?如果选择朝着人性中光明善良的那一面去前进,去尽量地抑制自己内心的幽暗,这个就叫"做自己"。反之,亦然。

阿巴斯有句名言:在善与恶之间,我选择善,它是一条充满恶的道路。这句话的意思是说,当我们选择善时,就必须直面那些扑面而来的恶。如何直面?这又是在"做自己"。

决定怎么做自己,不是能力问题,而是自己的认知、自己的选择。我们的选择,远比我们的能力更能表明怎样做自己。真正构成一个人的,不是"接受了什么",而是"拒绝了什么"。

我一口气读完全书。

小说是写一位"老人"与女主人翁对身心灵层面的探讨，书中破解了四个方面的"道"：身体——联结；情绪——臣服；思想——检视；身份认同——觉察。简言之，书中回答了一个貌似简单却内涵不浅的哲学命题：我是谁？主旨是告知读者：真正的"自己"，往往是你"未知"的。这"未知的自己"是你要通过修心、正心、养心来遇见的。

结论有点佛系。

平心而论，这本书并不好读。它不是以故事情节的跌宕起伏来吸引读者的，而是带着思辨来让读者反求诸己，从而达到与"真我"的联结和觉察。"真我"？这个说法与弗洛伊德的"超我"一样吗？

这本书我读得很慢，边读边思。读一读，放一放，想一想，写一写，跳进跳出，一会儿联想自己；一会儿又想着弗洛伊德的人格结构三要素：本我、自我、超我等一系列的哲学心理学概念。脑子里有点乱，我开始用笔来梳理这些逻辑关系，也许这就是我开始寻找"未知的自己"的路径。

好吧，先进入有点枯燥的概念世界。

"本我"是动物属性，如饥饿、生气、喜悦、恐惧、性欲等这些与生俱来的本能，这是一切动物的生存需要与生理反应，是原始驱动力的存储处。比如《西游记》里的猪八戒，他身上具有丰富的"本我"属性，每次看到美女，就没有办法掩饰自己，呈现了人的一个不压抑的另外一种原形。

"自我"是社会属性，是从"本我"中逐渐分化出来的。人不是生活在孤岛，而是生活在一张张关系网中。所以，本质上人是社会人，扮演着一定的社会角色。角色需要"我"，不能完全随"本我"而任性，相反必须是有所约束的，有自律意识的。同样以《西游记》为例，小说中的沙和尚就是"自我"人格意识比较强的。沙和尚不像孙悟空那么叛逆，也不像猪八戒那样"本我"。沙和尚忠心耿耿地跟随领导唐僧，为了团队的既定目标——去西天取经，谨守佛门戒律，踏踏实实，恪守本分，即便遇到再大的困难，也没想过退缩，是个好员工。

"超我"是高维空间属性，它是超脱于世俗而存在的。"超我"与"真我"其实是同一个概念的不同叫法，西方哲学界习惯称"超我"，我觉得，我们还是叫"真我"吧。它们的核心都是"潜意识"，"潜意识"是人不可掩饰的真实心理。

每个人内心深处都有一个深藏的"真我"，一旦找到了这个"真我"，就相当于开启了真正的能量大门，源源不断地给自己提供能量，把很多不可能变成可能。还是拿《西游记》来说吧，相较于小说的其他三个人物，唐僧有点"真我"意识，时不时地表现出纯粹道德化的状态。当然这仅仅是相比较而言的。

我们的孩提时代，"真我"多，"自我"少。随着年龄的增长，灰尘越来越厚，行为也越来越迷失，情被世俗沾染，童真被无语遮蔽，开始变得贪嗔痴。为了追求外在的认可，日夜不停地奔波。长此以往，"自我"的成分越来越多，"真我"的成分越来越少，直至绝大多数人都无法知道"真我"在哪里。

这世界本身就是一个谜局。它就像一个被设计好的程序，程序的核心目的是用各种表象甚至假象，用各种诱惑甚至陷阱来迷惑人们。以至于让人活在世俗的价值评判里，活在别人的眼里，活在自己日益膨胀的欲望里，离"真我"越来越远。

我喜欢哲学，也喜欢逻辑学，喜欢廓清一些新概念的内涵。在廓清的过程中，往往会冒出一些相关的理论，尽管理论是灰色的。

比如"冰川理论"。科学家们发现，现实空间里只有4%的物质是我们可以看到的，而剩余的96%都是人类"未知"的暗物质与暗能量。恰恰是这些看不见的、没有得到"求是"的暗物质和暗能量，支配着整个世界的运转。同理，心理学家也发现，人的头脑中只有 5% 的念头是有意识的，剩余 95% 的念头都是被"真我"的潜意识支配的。这些感受不到的潜意识，同样支配了人们的行为。

我来还原一下对这些理论的深刻理解：之所以塑造出今天的"我"，并不是我的姓名、籍贯、父母、身高、着装，或者是我居住的房间、我工作的环境、我的朋友圈等的结果，而是连我自己都不知道的"真我"中的潜意识所导致的。

这些潜意识里深藏着我童年时的思想和信仰，这些虽然早已被后来的"意识"给抹掉了，但潜意识却还是一点一滴地影响着我所有的行为；并且将一幅又一幅的图景，叠加在我的生活中，润物细无声地渗透我的骨髓。最后，呈现了现实生活中的这个"我"。这么说来，潜意识就像一个冲胶片的暗房，我外在的生活状态，都是从这个"暗房"里冲洗出来的。

我记得心理学家荣格说过，一个人如果感受不到自己的潜意识，其实你就是被潜意识操控了一辈子，而潜意识就会成为你自己认为的"宿命"。

此话是有道理的，我们经常会用"宿命""认命"这些理由来解释自己无可奈何的生命状态。

我要挖掘我的潜意识！因为这是"真我"的发源地。

我很清楚，当下我的一切迷茫、焦虑，都来自我的疾病，因为病程太长，病情太棘手、太险恶，且是一个接一个，甚至叠加着涌过来，没有了喘息的机会，再加上另一半的离开，情感的撕裂，头脑再清晰的人，此时也找不到北了。

但凡癌症患者，在刚刚确诊的一刹那，都会本能地会反问自己："为什么是我？""我为什么会这么倒霉？""生这毛病，我招谁惹谁了！"我也不例外。我原本以为，自己可能会得这病那病的，但不会得癌症。我的心脏不好，血压也高，有一篇文章讲，患心血管病的人是不大容易得癌症的；再说在我得病前，我的父系和母系家属中没有癌症患者，无家族病史啊；且自从40岁时得了心脏病后，我一直很注意保健的。怎么现在竟然成了例外呢？我哪方面出问题了？上帝眷顾所有人，为什么单单把噩运赐给我？！

当这些问号都无解的时候，焦虑情绪便冒出来了。于是，失眠；于是，迷茫。所幸我还没有彻底躺平，似乎还没有绝望，还在努力寻找突破口。尼采的声音又来了："每一个不曾起舞的日子，都是对生命的辜负。"祈盼自己能找到冰河起舞的技能。我是读书人，一切问题喜欢从"书"里找方向。

从伦理学上讲，潜意识是一个道德中性的角色。它无所谓对错，也远离善恶是非。而你一切的思想，无论是好的，还是不好的，都在不知不觉中藏入了你的潜意识。特别是那些负面的思想与情绪，达到一定浓度时，就会质变，质变成疾病甚至大病，比如癌症。

现代医学认为，我们的身体每天会有20个细胞发生裂变，但没关系的，因为身体中的NK细胞（自然杀伤细胞）会在5分钟之内就给予修复。所以，每年在超过1000次的癌变可能中，我的身体都在努力拯救我。但如果，我的潜意识里充满怨气，我的情绪不稳定，我的思想很低沉，那NK细胞的活性就会因此而下降，每天就可能有10个细胞没有得到修复。日积月累，那些尚未修复的细胞就会在我某个薄弱的脏器登陆，以至于发展成肿瘤，比如我的乳腺癌。不管是现代医学，还是潜意识理论都揭示一条"真理"：你有多少疾病，就有多少被压抑的情绪。这就是所谓的"诚于中，形于外"。

在挖掘潜意识、寻找真我的路上，真没有想到，我居然狠狠地"破防"了：原来身体比我想象中更爱我。

想想也是，当我不幸受伤或者感染时，体内的白细胞会第一时间抵达感染部位，为我战斗；当我哭泣时，大脑会分泌内啡肽，来减少我的痛；为了辨识我的身份，身体长了很多独一无二的东西，除了指纹，还有舌纹、唇纹与掌纹，以此来证明我的"唯一"。

当我遇到绝境的时候，当我以为全世界没人爱我的时候，我那身体里的几十万亿细胞在陪我前行，我是它们共同拼命保护的伙伴。

如果真有一天，我将要离开这副"皮囊"了，大脑会发出一道指令，把那最后 5% 的肾上腺素全部分配给神经系统和声带肌肉，让我与亲人作最后的道别，并且大脑会一一向其他器官告别，皮囊开始从一种物质转化为另一种物质了。

这个世界上，谁最爱我？我的身体最爱我。可我却不领情，活活地用身体的代价去做身外之事，半个多世纪了，我都肆无忌惮地摧残着死心塌地爱着我的身体，甚至无端地质问"她"：为什么给我这种"身体"？

今天，我虽然做了"职业病人"，但大脑还在帮我找回"真我"。荣格最关键的一句话：当潜意识被呈现，命运就被改写了。终于让我找到答案了，为什么有的人罹患"绝症"后，还能重获新生，而另外一些人却因为一点小病就一命呜呼？

寻找"真我"的第二步，从感恩疾病开始。

我们熟悉基督教的一句话，叫"感恩上帝"，殊不知，基督教还有一句很有价值的话："感恩对手，感恩疾病。"这句话的内涵，如果生成为一种信仰，就会潜入"潜意识"，从而改变你的生命状态。让不可能成为可能，这就是潜意识的力量。

为什么要"感恩对手"？因为"对手"会时刻提醒你，不要太得意，要夹紧"尾巴"。成长路上如果没有这样的"警示"，一直是无障碍前行的话，到了一定的高度，人是会飘的，会忘乎所以。

为什么要"感恩疾病"？这个问题可以反过来求证。如果仇恨疾病，"恨"的情绪会使你血管收缩、血压升高、心跳加快，身体的细胞会扭曲，会很狰狞，导致整个内分泌系统、消化系统、循环系统、免疫系统都乱套，其结果就是加速疾病的恶化。这世间最难解的就是绵延不止的"恨"，固有解不开的"恨"，才有治不好的病。

寻找"真我"，让我进步，特别是对疾病有了全新的认识：疾病只是一种语言，它的使命只是在提醒和表达，表达着过去，表达着事件，更表达着期待，期待还原"健康"。

知道了的我，顿时感觉自己比霍金强多了，我只是腿不好，双手却是好好的，完全不影响写作。万一股骨头坏死的保守治疗失败，那我就当一名残疾人作家吧，说不定什么时候，还会得个"残疾人作家文学创作奖"呢。

此时此刻，自己还想"出风头"，这倒真不是件坏事。因为这种潜意识让人上进，让人分泌积极的荷尔蒙，启动阳光情绪，恩宠细胞。

我开始拒绝一些媒体的采访，因为他们喜欢将我定位为"抗癌明星""与病魔作战的勇士"。这些标签与我对待疾病的理念大相径庭。

此时，我的脑库信息再次提醒我，有一个叫"犹太脑"的理论，也能让我更好地寻找"真我"。

先科普一下"犹太脑"。

"犹太脑"是一种指代，指犹太人的思维方式。

犹太这个民族，是一个世俗与神性可以和谐相处的民族。这个民族多少次面临生死存亡，或者是多少次将被灭族，都能从绝境中找到问题的解决方案，从而绝处逢生。有人非常欣赏犹太人的智慧，故以"犹太脑"褒奖称之。

解析"犹太脑"，其思维有三个重要的层面。

第一个层面叫"显而易见的显而易见"。这个层面是指全世界都能看到的东西，这就是"信息"。这个跟智慧没关系。

第二个层面叫"显而易见中的隐而不见"。这个就是犹太人擅长的思维。具体地说，就是改变看问题的角度和改变看问题的背景。这样的改变，就会发现有很多的新常识涌现出来。于是，你能看到很多过去所看不到的东西，并沿着这些东西往深里走，就会在困境中突围，转危为机。

第三个层面叫"隐而不见的隐而不见"。有了第二个层面的思维，总有一天，你会走到一条大家看不到的道路上，一骑绝尘。你就远远地甩开了你的追随者，从而找出一条全新的道路来，一览众山小！

我认为，"犹太脑"关键是自己要有觉察能力。一个人有没有觉察能力，是建立其思维模式的首要问题。人最怕的就是没有觉察能力。什么叫执迷不悟，什么叫狭隘偏激，就是因为缺乏觉察能力所导致的。

我终于发现真正阻碍自己觉察的不是能力，而是我内心始终不敢直面的东西，这些才是寻找"真我"的最大障碍。

我曾经有这样的感觉，冥冥之中似乎总有一张大网将我笼罩，且一生无法逃脱，总觉得被掌控，但又不知道被谁掌控。于是，就认为是"宿命"。

Q&A

秦　畅：很多人都认为生命是一种长度，到最后却发现生命其实是一种纬度。

潘肖珏：是的。不在乎于我们能够活多久，在乎的是在这短短的一生中，能够有几次觉醒。一个活得通透的人，人生应该会有三次觉醒。

秦　畅：哪三次觉醒？

潘肖珏：这三次觉醒分别是见自己，见天地，见众生。第一个阶段就是"见自己"。这个阶段就是你开始打破认知局限，开始自省，开始寻找未知的自己。《道德经》

里讲："知不知，尚矣；不知知，病也。圣人不病，以其病病。夫唯病病，是以不病。"

我们这样来理解老子的这段话：一个人能知道自己的无知是明智的，不知道自身的无知是愚昧的。真正厉害的人，都是发现了自身的局限，不断地自我反省，从而突破小我，走向觉醒的。

秦　畅：第二阶段"见天地"，这可能是指人必须要了解大道，顺应自然吧。

潘肖珏：您说得非常对。一个人如果不知道天地的广阔、自然道法的玄妙，就会一意孤行，做出违背常理、偏离大道的事情，最终让自己陷入困境。人生的事情总是难以预测，与其执着改变，不如顺应自然，这样才能收获内心的平静，从而生起智慧。

秦　畅：第三阶段是"见众生"，这作何理解呢？

潘肖珏：这"见众生"，就是理解他人，心存善念。这世间本无好坏之分，外在的一切都是内心的投影，自己一切事物的根本。生活就是一面镜子，理解他人就是原谅自己，善待别人就是度化自己。

秦　畅：每个人的觉醒都会经历这三个阶段吗？

潘肖珏：本质上都的。开始的时候看见自己，学习反省；然后看见天地，懂得敬畏；最后看见众生，了悟真理。不断地突破，不断地下决心，最后实现真正的自由，从而享受生活，掌握命运。都可以不执着于外在，追随本心，始终平静喜悦，内在丰盛。

为"宿命"讨个说法

打开自己吧，为"宿命"讨个说法！

反观自己一：我怕死吗？

我怕死于非命。不甘啊！

我怕死得痛苦。太残酷！

我怕遭遇无效医疗躺在病床上等死。毫无生命意义！

已故残疾人作家史铁生先生曾说："死是一件无须乎着急去做的事，是一件无论怎样耽搁也不会错过了的事，一个必然会降临的节日。"

史先生生前是一位"职业是生病，业余是写作"的作家。他60多岁就去世了。他把死亡当作"一个必然会降临的节日"，调侃中带着悲壮。

一位媒体人在一次演讲中说，人一辈子出生入死，人一出生是直奔死亡而去的。如要这样简单认为，全是佛系青年了吧。显然不可能。因为有"死亡"放在那儿，人生才有趣。既然终点是明确的，那我能不能让我的人生好玩一些，再好玩一些，而且不按照别人眼光当中的东西去玩、去争。

北大一位教授对"生死"如是说：大部分人健康养生的内在指令是"贪生"和"怕死"。这种指令，所产生的能量是根本无法调动其生命潜能的，且其生命的格局会被严重限制。但如果把这个内在指令颠覆一下：想象自己的生命是处在一个持续升级的考场上，而不是一个即将被淘汰的考场上，接下来，唯一要做的是将考试时间尽量延长、交上的答卷尽量良好。用这样的指令来支持自己的健康，那生命的能量就会被唤醒。

进入"不逾矩"年龄后，谈到生死，我的态度是：随时可死，处处求生。故对待死亡，我真心比较轻松。

我是一个不需要写遗书来交代身后事的人。就这点而言，我活得很轻松。相信一个活得很轻松的人，对待死亡，也不会不轻松吧。如果哪天我挂了，就像徐志摩的诗歌那样："轻轻的我走了，正如我轻轻的来。"保持住活在生命最后5分钟的觉知，了无遗憾地面对死亡，才能更本真地活在当下。生命就像江河，无论多么曲折与蜿蜒，最终的目的地都是奔赴大海，成为沧海一粟。

我的这种心态，貌似在我十几岁的时候，就与父亲谈论过，故深深地嵌入了我的潜意识。

我刚念初中，父亲就让我出任潘家的"国务委员"，参与家规制定。比如，如何处理家里的丧事？我提出"厚养薄葬"。这一观点，得到身为高级工程师的毛纺专家父亲高度赞同。因此，早在20世纪60年代，我家办丧事，就简化到没有任何殡仪馆的仪式，不举行追悼会，不收礼，不设灵堂，一张白底黑字的讣告，贴在家门口就完事了。整条弄堂的人，看不懂我家的规矩，还以为我父亲是位老革命，思想超级的"革命"。

我的身后事处理也已经交代孩子了：除了继续遵守"家规"，还增加了一条——无须领取我的骨灰，让"物质"回归大地，让"精神"翱翔天际。

人之所以称之为"人"，是"人贵自知，各安天命"。"天命"就是自然规律，"天命"不可抗拒。比如，生老病死。如果生命走到终点，那就放"它"离开吧。消除"我执"。遵循庄子《齐物论》所言："天地与我并生，万物与我为一。"

Q&A

秦　畅：想请教一个带点国学意味的问题，您觉得中国儒释道的思想中对待人生的态度有何不同？

潘肖珏：好问题！我们以传统文化中谈论"水的精神"为例。

儒家观水，是以"逝者如斯夫"来阐明：水，虽是不断的过去，却具有永恒的"不舍昼夜"的勇迈古今的精神，所以，儒家提倡"精进利生"的克己、直养的人生态度。

道家观水，"上善如水，水善利万物而有静……夫唯不争，故无尤"的慎独精神，所以，道家的老子讲究致虚守静、谦下养生的"人生态度"；而庄子则提出与道逍遥、游世自然的"人生态度"。

佛家观念中的"水"是构成其四大之说的，即地、水、火、风，为构成一切色法的四种要素之一。其性湿，能为物所摄收，故称为水；其体宽广，周遍于一切色法，故称为大。佛家认为"水"是物种起源的摇篮，却又是如此简单。我们生命的胚胎是在羊水里孕育的；我们来到这个世界上，接受的第一馈赠，是母亲的奶水；在我们活着的过程中，无时无刻不是水在供养；而当我们离开这个世界的时候，肉体会以腐烂的方式还原成为水。因此，佛家教导正念、内观，"圣洁无生"的人生态度。

儒释道分别从其自身的思想逻辑出发，显现的生命格调虽有异，但却同源异流。这个源就是敬畏生命，殊途同归地讲出了同一个关于"生命智慧"的话题，从而让中国人汲取丰富的活水源头，好好善待自己的人生。

我们可以通过三面镜古，自照自明自己人生的趋向，应当何去。

我的家族中，母系的这条线不是很长寿，外公 59 岁，中风去世；外婆患了几十年的哮喘，67 岁归西。母亲活得比她的父母长一些，享年 83 岁。我父系的这条线还行，祖父享年 73 岁，祖母享年 79 岁，父亲享年 95 岁。我父亲很有福气，基本是属于"无疾而终"的，那年他摔了一跤，在床上躺了一个多月，就谢世了。

一个人能否长寿，家族遗传基因占了 15% 的因素。剩下的 85%，与其生活的环境有关，如空气、水质等，也与其所吃的食物有关。但最重要的还是那个"真我"中的潜意识。

自从父亲去世后，根据"长幼有序"的中国传统文化，家里接下来轮到我了。所以，我潜意识里"向死而生"的念头，变得从未如此具象。毕竟是进入"不逾矩"的年龄了，叫了一辈子的"时间就是生命"，感觉比任何时候都有质感。在"时间"这个坐标上，我切割着"有所为，有所不为"。就像稻盛和夫说的那样，希望自己走的时候，比来的时候稍微高尚那么一点点。

我在生前想处理一件自己的身后事：捐献眼角膜，这事必须在生前办理好手续。可我办理捐献眼角膜手续之路，一共走了十几年，至今未果，遗憾至极！

反观自己二：我要什么？

近几年有一个说法："宁愿坐在宝马车上哭，也不愿坐在自行车上笑。"这话，折射了当今社会的一个现象，也回答了"我要什么"。对此，我不作价值评判。因为每个人有自己的活法，有自己的人生目标，有其潜意识里的价值指向，所以，不作褒贬。

我要什么？要物质，还是要精神？要名，还是要利？

物质，是一个人生存的基础，我当然要，而且我需的物质是有一定品质的。但这个"有一定品质的物质"，若非自己所能的，而要依赖别人才能得到的，我会毫不含糊地回答"NO"。

之所以有人"愿意坐在自行车上笑"，这种觉知，是她自己解读出来的。人世间所有的事情没有绝对的好坏，所谓的好坏，都是相对的。有人不知道怎么个相对法，是因为没有弄明白"我要什么"。

我以为，没有"精神滋养"的人，哪怕其拥有最豪华的物质，那他也只是一个穷人而已，穷得只剩下钱的穷人。

我喜欢读书，喜欢与"心有灵犀一点通"的人沟通，尽管也许是跨越时空的圣贤哲人。这算不算"精神滋养"？起码能使我身心愉悦。"因依老宿发心初，半学修心半读书。"读书偶得，与三五知己分享、交流，甚至交锋。一个真正的自己，在逐渐打开：不再纠结那些闹心的事；不再惊讶"绿茶"在身边；也不再抱怨为什么状况会是这样。

我也喜欢思考时的孤独，哪怕"独酌无相亲"，我也同样会"举杯邀明月，对影成三人"。在一个绝对纯粹的孤独里发呆，思绪是连贯的，思想是翱翔的，生命是发亮的。所以，李白才会写出生命里最美的诗句。舒本华说：没有相当程度的孤独，就不可能有内心的平和。所以，接纳孤独是衡量一个人有否"觉知"的能力尺度之一。

至于名与利，我历来重"名"轻"利"。特别经历了一场生死攸关的大病后，我把"名"也彻底放下了，"不以物喜"，鲜花掌声已经撼动不了我了。但内心还没有修炼到"不以己悲"，当"委屈"来临，还会"走心"。

人生的上半场是给自己贴标签的。用社会的条条框框把自己固定成形，成为一个合格的社会人，完成社会赋予自己的任务和使命。而人生的下半场是给自己撕标签的。当完成了社会赋予的任务后，就开始向内寻找自己，寻找自己的热爱、向往，全力以赴奔向"真我"。所以，我创建了"潘老师读书会""艺术团""时装队"。

有人问："潘老师，你为什么要创建'读书会'？"

其实，有些事情，真的没有"为什么"的。我的一生就干三件事：读书、写书、教书。读书是我最好的养生，写书是我最好的休息，教书是我最大的乐趣。

2018年8月的一个夜晚，我约了我的关门弟子、"80后"街道女干部张丽珍去浦东参加《这个世界会好吗？——梁漱溟晚年口述》的小型读书会。这是中国最后的大儒梁漱溟先生与美国教授在20世纪80年代的对话录。此人，此话题，在21世纪的今天，依然抓眼球。

回家后，那夜无眠。

从书橱里翻出40多年前出版的梁漱溟先生的《中国文化要义》，n多次的搬家，n多次的清理书籍，这本书却始终被收藏着，但我一直没有空阅读它。

也不知道是哪根神经搭错了，我开始上网狂搜"梁漱溟"其人、其事、其著作。当东方发白时，我下单了梁漱溟先生的10部著作，开启了对梁漱溟先生的深度阅读。

我的阅读习惯是这样的：看书的时候先不带自己的观点，脑子空白地看，看它说什么。有人把这种阅读方式叫"素读"。我的"素读"过程中，有两个动作是有痕的：一是阅读到关键处，我会用笔画一下；二是阅读到激动时，我也会在旁下点小批注。完了，合上书，再用自己积累的东西跟它进行一个思想上的对谈。当然，也有谈不下去的时候，那就再找其他书来求解。这就是我要一口气下单梁漱溟先生10部著作的缘由。

由深度阅读而求得的一知一解，或一知数解，使我有身心愉悦的满足感，将"独乐乐"的深度阅读，往深里"群读"下去，于是收获了"众乐乐"。这就是我创建读书会的初心。

5年了，当初的微小迷你群，已然是160多人的中型规模群了。书友的年龄跨度从小学三年级到大学退休老教授；书友有来自全国各地的，也有在太平洋彼岸的；书友中有多对母女书友，更有一家三代书友。

我们的读书会，深度导读了先秦老子、国史女主、唐诗宋词、民国才子佳人、奇女张爱玲、红楼诸人物、国学系列等，头脑风暴于哲人贤圣的智慧海洋，互相净化，螺旋荡涤，叩问灵魂。

这就是我要的"精神滋养"，与物质无关，与名利无关。庄子曰：至人无己，神人无功，圣人无名。"无己"就是忘掉"小我"；"无功"就是不求功利；"无名"就是不求名声。

我和读书会的书友们，逍遥于书香的无己、无功与无名中，因书明理，以慈怀道，数年如一日，其乐融融。

反观自己三：我遇事喜欢作负面联想吗？

记得《红楼梦》中的林黛玉，从小体弱多病，她是曹公笔下的"不足之症"女孩。她的生命就像一个半成品，出厂前没有合格质量的检验，面世后，又缺了几条关键的程序。母亲早亡，来到外婆家贾府，寄人篱下；与贾宝玉的"木石前盟"又未能实现；虽天资聪颖，是大观园里的一枚"学霸"，但这颗好胜心始终没有着落，隐隐不快是常事。面对周围的世界，她把所有接收到的信息都作了负面联想，郁郁寡欢，疾病缠身，"人参养荣丸"自然无济于事了。结果，小小年纪，抱憾离世。

像林黛玉这种遇事喜欢作负面联想的人，精神病学上叫作"自虐"。这种处事方式，时间久了就会造成"心身疾病"。也就是说，你是什么样的性格，你就会得什么样的疾病。这种疾病的第一发动力量就来自自己潜意识中的负能量。这种负能量，会向全身所有的脏器和细胞持续不断地发送信号，每天 24 小时不间断地发送，当量变积累成质变时，一切就晚了。

2022 年诺贝尔物理学奖颁发给了"量子纠缠"，这"量子纠缠"有多么可怕：它刷新了人类现有的第六感、心灵感应、吸引力法则等，有力地证明了一个法则——心想，真的会事成。这句我们耳熟能详的话语，再也不是"安慰剂"了。

我试着把这高深的"量子纠缠"作一下平民化的解释：一件事，你往坏处想，就会越来越坏。你担心什么，什么就控制你。所以，凡事一定要往好处想，抱着美好的希望，好的事情才会来找你。外界只是你内心的一面镜子，且这些全部都是你的想法吸引过来的。

不过，如果我们溯源一下，就会发现，自古人类的大脑就有对消极负面情绪加工的偏差，这是动物进化选择出来的人的本能。

700 多万年前，在非洲的草原上，一旦有风吹草动，人类的先祖就会想到虎狼出没这种坏事，于是马上启动自我保护，从而能活下来；反之，如果面对风吹草动，想到的是花果落地，那就很有可能被老虎吃掉了。所以，人类祖先面对"事件"就习惯作坏的打算。因此，从生物学的角度，从大脑的加工角度来讲，人类的消极思维救了我们的命，让我们活了下来。由此看来，遇事喜欢作负面联想，某种角度是人类自身基因里的思维定势所致。

我这个人，遇事喜欢做两极思考：眼下这件事对我，最好的结果是什么，最坏的结果又是什么？尤其是对"最坏的结果"。我会问自己，能承受吗？如果回答是肯定的，我才会启动做这件事的程序。我的这种做法，与遇事作负面联想有本质不同，而是对自己行为的一种高度理性的判断，分析评估自己做"这件事"的能力，而不至于事与愿违。

但是，我在年轻的时候，遇事却不是这样的，往往是非此即彼，走两个极端。

记得我在谈恋爱的年龄，就一心想嫁给"军人"，做军嫂。理由很简单，我想通过嫁人，来改变自己"兔崽子"的身份。"文化大革命"中，因父亲"反动学术权威"的身份，我也被归入了"兔崽子"的行列，16岁就被批斗，被划入另册。

父母是人生的第一次投胎，所以，家庭出身是没得选择的。而结婚嫁人是第二次投胎，可以自己选择。经人介绍，我与一位云南省军区的文职军官相识，交换照片后，就开始了鸿雁传书，"恋爱"了。

一年后，"军官"向组织交代恋爱对象的情况，于是，进入组织审查阶段。政审结果：不予通过，因为女方父亲有政治问题。我的第一段"情史"宣告结束。这个"事件"，没有让我作负面联想，但潜意识里"自尊心"是受创的。转而一想，既然"高攀"不成，那我就"低就"吧。找一位家庭出身比我更差的，那就不会再出现"被选择"的尴尬。

同办公室有一位男生，其父亲是"走资派"，当时还在基层监督劳动，家庭背景显然比我还差。接下来我就与那位男生开始了"办公室恋情"。

历史居然是如此的相似。

我入党了，又被提拔当了一所技校的校长。组织上找我谈话，明确对我说，你找男朋友，如果选择这样的家庭背景，结婚后，你就很难"提干"了。"提干"就是提拔干部的简称，那个年代，还有一个说法与"提干"相似，就是"第三梯队"的培养对象。

不"提干"就意味着我将没有仕途，那年我25岁。结果是：一年后，"他"成了我的丈夫。

今天，我反思自己当年的这一"壮举"，是爱情至上，还是自尊主义？平心而论，都不是。而是我潜意识里的自信心，天生我材必有用嘛。没有"仕途"，那还可以走发展业务的路线，潜心当一名专家也是不错的。

历史居然是如此地与我开玩笑。

16年后，"他"出轨了，我的婚姻被解体。自尊心再次受到重创。40岁的我，重病一场。

"人生不如意者，十之八九"，所以，一个人光有"自信"，没有"自我慈悲"，很容易陷入精神内耗。"自我慈悲"是对待自己最高支持力的方式。

如今，我努力反观自己，目的是在寻找"真我"，遇见"未知的自己"。这样，当"不如意"来临，特别是当"事件"不断砸过来的时候，不至于趴下。这其实是潜意识在校正我，让我回归原本的生命轨迹，去自救、去裂变，达到涅槃。

在"反观自己"的这件事上，我深有体会：

一是"反观自己"的理论与实践，早已不再分东方与西方，不再分传统与现代，不再分科学与宗教，而是转向对待"创伤"与"苦难"的认知。

二是"反观自己"的途径，不在于你跑了多少道场，见了多少师父，念了多少"咒语"，而在于你是否眼睛向内，找到自己的生命蓝图，回归"真我"，拥有自己想要的人生。

对女人来说，无论起点在哪里，中途发生了什么，都可以回到"女人"的原点来反观，并由"原石"努力修炼成"玉石"。而这一切的修炼法门，只有两句话：曰放下，曰回头。只要一放下，一回头，即可顿觉。

诗佛王维曰：行到水穷处，坐看云起时。

Q&A

秦　畅：我们认识"未知"的自己的目的是什么？您非常形象而又清晰地讲述了儒释道不同的生命格调。我之所以向您提这个问题，就是让读者更好地体会潘老师反观自己真正的价值所在，看到潘老师的人生态度。

潘肖珏：人的生存大致有三个层次。第一层次是谋生：人的基本需求，动物亦然。这是解决今天的生存问题。

第二层次是谋智：解决人的智力提升、知识精进的需求，是解决明天能更好发展的问题。这一层面真正把人和动物区分开来了，同时也拉开了此人与彼人的距离。

第三层次是谋道：面对诸多的世事和无常，不仅要知其然，还要知其所以然。这一层次是明白人与不明白人的区别，不为今天，也不为明天，只为一个"搞明白"。搞得明白，搞不明白，不影响"谋生"，也不一定影响"谋智"，但影响人的格局，影响人的思维高度。

秦　畅：潘老师，您是谋道之人。

潘肖珏：是的。我是一个喜欢"整明白"的人。比如生病，不能白生，要整明白，我为什么会生这个病？整明白多少，就进步多少。进步了，以后就少生病，不生病，起码不生大病。又比如婚姻解体了，也要整整明白，为什么不能白头偕老？我在这段婚姻中有没有问题？当然，这个问题，即便我是悟出"道"了，现世也已无法改正，但却可以此告诫后生啊。

再比如，儒释道思想究竟在中国思想史上有哪些作用？为什么中国文化能五千年绵延不断？像这些宏大的思考，我也是尽己之力在"整明白"。整明白的目的，不为今天，也不为明天。无丝毫名利驱使，就是为了哪天去见马克思的时候，不带着问号。就像稻盛和夫说的，为了自己走的时候，比来的时候稍微高尚那么一点点而已。

（第八章）

非私房话的女人悄悄话

如何与"男人"这个生物物种相处

两次婚姻失败后，我不再走进婚姻。我深知"如何与'男人'这个生物物种相处"，是女人需要自问的命题，如果不能很好完成这个答卷，屡战屡败是必然的。

日本作家渡边淳一出版了《男人这东西》，虽然书名有点糙，但却活脱是一篇"男性自白书"，条分缕析，通晓男性心理，颇有看头。究其所以，一则作者是位男性，以他的视角写"男人"，深刻且贴切；二则，作者是医学博士，熟知男性的生理特点，并能科学地剖析男性各个时期的身心发展历程。这为我理性地分析探讨"如何与'男人'这个生物物种相处"，给予了可贵的生物学支持。

对男人所有的理性分析，为的就是解开我们女人心头的一个个问号。

问号一：男人的"花心"，是其生物本能，还是道德属性？

探讨这个问题，先从一个故事说起吧。

有一位男子想与其未婚妻约会，当时两人的距离正好是一河之隔。男子需要借到船，才能划船到彼岸见未婚妻。他开始寻找船只。看见 A 女子刚好有一条船，借船开始了。A 女子一见这位男子，就爱上了他，然后说："我爱上你了，你爱我吗？"男子说："我有未婚妻，我不能爱你。"于是，A 女子决定不借船。

男子又遇到了另一位有船的 B 女子。B 女子说："我很喜欢你，但你喜不喜欢我，不重要。我的条件是，你只要留下来陪我一晚，我就把船借给你。"

男子很为难。因为这个地方就只有两条船。为了能见到彼岸的未婚妻，他不得不同意了 B 女子的要求。第二天，B 女子遵守承诺，把船借给了他。于是，男子顺利见到了他的未婚妻。当晚，男子就把两次借船的经历，原原本本地告诉了未婚妻。没有想到，未婚妻听后非常伤心，觉得自己喜欢的这个男人与素不相识的女人发生关系，就没有一点排斥感？如此"花心"？思前想后，决定不能与他结婚，一气之下，选择分手。

看完这段故事，无论是为那男子鸣不平，还是为其"未婚妻"的果断而点赞，其实都不重要。重要的是要廓清一个概念："花心"的本质是什么？所谓"花心"是指用情不专。故事中那"男子"与 B 女子的"一夜事"，是属于用情不专吗？如果不是，那又属于什么呢？

故事的结局，充分暴露出男人思维与女人思维的巨大差异。男人的思维趋向于目标思维，只要能实现目标，其中的路径与手段，一般不作缜密评估。而女人思维趋向于路径思维，目标固然重要，但实现目标的路径是有底线的。反之，就会另辟蹊径。

从基因的角度，男人的雄性荷尔蒙对异性天生具备猎奇心，特别是面对直言"喜欢你"的女人，抵抗力是相当弱的。很少有男人会为了一个女人，拒绝别的女人对他的暧昧。男人这种动物对于"性"，具有女人难以想象的强烈的好奇心，这种强烈的好奇心同爱情完全是两码事。所以，对由此而产生的那种性与爱分离的行为，不能简单判定其是否属于"花心"的男人，更不能草率地作道德评判。

当然，人世间永远存在"胡兰成"式的渣男：喜新厌旧，见异思迁，"花心"成性，见花爱花，见草爱草，肆意放大人的动物性。面对此种男人，就要像张爱玲当年那样，一纸休书，把这种毫无道德底线的男人，休了。

我若盛开，清风徐来。

问号二：为什么男人可以出去拈花惹草，却要求自己的妻子必须是非常专一的？

一位"80后"女白领，与我谈起了这个"太不公平"的现象。缘由是她的丈夫多次出轨，但丈夫却不让她与异性有高频率的来往。为此，原本大学同窗打下的稳固感情基础，出现了严重的裂痕。

她不无遗憾地对我说："人一旦有了隔阂，就真的走不近了，这个世上只有和好，没有如初，旧账重提是因为它从未被妥善解决过，热情这东西耗尽了，就只剩下疲惫和冷漠，细节中崩溃，失望中放手。"

我说，你这话怎么那么耳熟啊？她告诉我，这是才女林徽因的原话，她喜欢这段话的深刻。

"你想过放手？"我追问。

"我们两个不相爱了，还在一起，是因为我现在也没有更好的安排，那就在一起吧。起码还有一得，就是对我们的孩子有利。如果哪天我有新的向往，恐怕也会分手，不会拿孩子当借口了。"

"80后"的坦率，"80后"的现实，我无可反驳。

她紧追这个问号：为什么男人可以出去拈花惹草，却要求自己的妻子必须是非常专一的？

我说，这是一个千古之问。自古以来，中国的男人可以妻妾成群，而女人却必须是坚守贞操。

"那是为何啊，这里面除了中国的男权文化原因外，是不是与男人的动物性有关呢？"

看来，她思考得有点深入。

我开始向她进行教科书式的分析。

首先，我们从生物学上分析，雄性动物从本能上说都希望将自己的种子广泛播撒，以延续自己的遗传基因；与此相反，雌性动物则为了确保生育出优良遗传因子的后代，而对其交配对象"海选"。换言之，雄性动物注定是饥不择食；雌性动物则注定是精心挑选。这两者的关系，在精子与卵子的结合过程中也得到了显著的体现。

这种带着饥不择食"兽性"的男人，就像曹雪芹笔下的贾琏，连对象也不挑选就立马"宽衣动作"。当然，人之所以为"人"，除了动物性以外，还有与动物截然不同的"情"。就像《红楼梦》中"情谈款叙"的贾宝玉。

"男人的梦想之一就是拥有可以超越友谊界限的红颜知己。"这个结论，她下得如此坚定。当然，对此我也颇有同感。但凡在婚姻中，缺乏精神交集的夫妇都会有这种需求，特别是在讲究"灵魂伴侣"的当下。

我们继续谈论男人的生物属性。

从原始进化来分析，男性的基因中有一种基因显化，就是很在意他的孩子一定是自己的，喜欢听"你们家的孩子太像你了"，这话，对男人特受用。天生这样的欲望，促使男人必须保证血统的纯正。所以，他会把女方看管得死死的，这样才能够保证他的后代是安全的，是延续的，是可传承的。

另外，从男人"小我"的角度，看管好自己的私有财产是他生存的第一要义。在男人的视野中，妻子、孩子都是他的私人财产。这就演化出男人的另外一个欲望，叫"占有欲"。所以，男人根本上是属于"只许州官放火，不许百姓点灯"的那种人，这确实跟他的基因有关。

男人是狩猎性思维的动物，所以，他有征服欲。比方说，有两个同等条件的女生，都在追求同一个男生。一个女生对"男生"付出的很多，帮他洗衣服，送点心，照顾得周周到到；而另外一个女生对"男生"则是"暗恋"，没有丝毫行为上的表示。最后，这个男生恰恰选择了那个没有任何付出的女生。这是什么道理呢？因为男人很享受征服女人的过程。所以，想用"付出"来留住一个男人，这是女人思维。

在一个家庭当中，一个男人做得越多，女人就越欣喜。但是一个女人做得越多，男人却并非"越欣喜"。

"奇了怪，同样都是付出，为什么结果却截然相反呢？"这也是她心中的疑惑。

我说，因为在男人和女人的心中，家的意义并不相同。"家"对于男人来说，不过是三分有其一，但是对于女人而言，却是全部的一亩三分地。

"我很迷茫，男人到底是长于理性，还是长于感性？"对于"家"的认知，引申出了她的这个问题。

我没有直面回答她，而是给她讲了一个心理学的测试题：

一个男人选老婆，用 100 元让三个女人想办法把一个大房间填满，而那个男人最后在三人中选了一个乳房丰满的、性感十足的女人。

这就是人们看似在做很多理性的选择，其实不过是给自己一个理由罢了，最后还是跟着自己的感性去抉择。心理学的研究成果表明，人在理性和感性的对决中，感性从来没有输过，男人尤其如此。

她略有所思地听着我的述说，转而切换了一个角度，向我说：

"最近我在网上，看到婚恋公司公布的数据：全世界女人'花心'的比例在上升，中国原来是 30%，没有想到，近几年这个比例上升得很快。"她开始内省女性自身。

我认为，婚恋公司公布的数据与现实情况还是有差距的，现状的比例更高。因为一般女人出轨的时候，男人是替她遮掩的。因为男人怕曝光，怕让人知道自己被戴绿帽子，自尊心受不了。但男人出轨的时候，女人不是这样的，而是采取曝光，让人人都知道这个负心郎。因为女人受伤后，本能地想求助外界的心理支持。

她不语，貌似接受我的分析。

我拉回到原先讨论的话题。

男女之不公平，不仅在婚姻上，在权力的分配上也同样延续了几千年。

易中天说，中国的女人不能指望男人，而中国的男人却往往要指望女人。比方说，仗打败了，便叫女人去和亲；国家亡了，就拿红颜祸水来顶罪。商是妲己弄亡的，周是褒姒搞坏的，安史之乱是杨贵妃引起的。总之，黑锅都找女人背，男人一点错也没有。男人掌握了记录、定义与诠释历史事件的权力。

历史上打仗攻克城堡，一旦被攻克，城堡内的男人全部杀光，但女人留下，与财产一起打包，分配给战胜方的将军，杂交后繁衍后代。多狠啊，连基因都给侵占了。这就是男人的世界，男人就是这样改变着历史。

"现在是 21 世纪了，女性历史与男性秩序，不应该永远是这样的。人类史上，早就有一些女人，她们不相信这个男权世界的潜规则，在她们的世界中记录着：女人也非弱者。比如中国唐朝的武则天。"

到底是"80 后"的知识女性，这样的分析，同是女性的我，心里默默赞许。

"男人在什么时候才会忠于一个女人呢？有人说，是在他没有钱的时候；也有人说，在他没有更好的选择的时候。潘老师，您认为呢？"

我认为，这些答案都不对，因为男人的天性就是喜欢"得陇望蜀"。当你漂亮的时候，他会嫌你不顾家；当你漂亮又顾家的时候，他又认为你没有情趣；当你漂亮又顾家又有情趣的时候，他又觉得你不会赚钱，拖累了他。所以，只要他想变心，总能找到一个挑剔你的理由。女人与其在那里胡思乱想，担心害怕，没有安全感，不如学会好好地充实自己的内核，只要你具备了独立的能力，那么就算这个男人变心了，你也不惧怕了。

"如果有一天，我想再次走进婚姻，该如何识别这个男人是否优质？"
她开始未雨绸缪了。

　　优质男人的标准，我与年轻女孩的标准，也许不一样。很多女孩谈感情
的时候，看重的是找一个心动的完美男人，其实这都是女孩们自己臆想出来
的。真正能够感情负责的男人不一定是完美男人，而是一个认知健康，且完
整的男人。

　　原生家庭缺乏父爱的男人，他谈感情就容易唯唯诺诺，缺乏决断力；骨
子里自私的男人，他在工作上可能不错，但是，在"爱你"这件事上，他也
许不能全情付出。所以，我认为优质男人的第一标准是责任心。这跟房子地
基一样重要，否则，房子盖得越高，倒的危险就越大。

　　第二是处理问题的第一反应。拥有穷人思维的男人遇到问题一般都会退
缩。你问他：为什么不创业？他说，环境不好。你说，咱俩结婚吧。他说，
没能力买房买车。你跟他说，可以贷款创业的，他说，万一赔了呢，等等。
第一反应往往决定一个男人的高度，穷人思维永远想找问题，而富人思维永
远在解决问题。

　　第三点最重要，就是奉献精神。在优质男人的认知里，最大的自私就是
无私，他有"舍"的格局，他懂得做一件事情，必须先为别人提供价值，奉
行"在利他过程中实现利己"。一个只想索取而不愿意为别人提供价值的男
人，他的事业也好不到哪里去，更别说感情了。

　　没有想到，我那历尽沧桑后的三条识别优质男人的标准，她居然全盘认
同，也许是因为她也曾经受过"伤"。

　　最后，我向她提出一个绕不开的话题：一生一世只爱一个人，这是人们
的理想状态，在实际生活中，大概率是不可能。因为人是变化的。这个是现
实，虽然扎心，但是我们必须接受，才能真正地让自己活得轻松。

　　她点头赞成。

我说，什么是女人真正的强大？

莫言在《晚熟的人》中写道："真正的强大不是忘记，而是接受。接受分道扬镳，接受世事无常，接受孤独挫败，接受突如其来的无力感，接受自己的不完美，接受困惑、不安、焦虑和遗憾，调整自己的状态，找到继续前行的力量，成为更好的自己。"

她把莫言的这段话，收藏在自己的手机中了。

Q&A

秦　畅：我们讨论一下进入婚姻的女人，职场角色和婚姻角色的转换问题。

女人如果在职场中很有见地，很能干，一般来说，男性也是会很欣赏的。职场上的男女如双兔傍地走，安能辨我是雄雌？但在婚姻场中就完全不同了，双方的角色是一定得辨雄雌的。

潘肖珏：您说得完全对。我们从中医的阴阳学说来解读婚姻中的角色：男人是阳，女人是阴，阴阳互根。所以，婚姻中的男人就应该像男人，女人就应该像女人，并让男人有点担当。就像《泰坦尼克号》里那样，等到真的大难临头的时候，男人挺身而出说，"女人和孩子先走"。而不是女人站出来，说"男人和孩子先走"。

但在现实生活中确实存在：男人不太像男人，逼得女人像男人；也有女人像男人的，逼得男人像女人。有人认为，如果婚姻是这种情况，女强男弱，只要双方能够重新构建一个新的平衡，其实也没什么。事实上我们看到，周围确实有这样的夫妻，完全是和谐的。

秦　畅：但这是个全新的自我认知啊。如果自己的认知还停留在原来的那个版本上，那就很难去重新架构一个新的平衡模式了，一旦遇到具体问题时，这个婚姻往往会出现问题。

潘肖珏：我曾经和许多女人谈论过这个话题，婚姻中的女人如果太理性、太哲学、太有思想，男人会觉得很可怕，你的眼睛像 X 光一样，什么都给你照亮了。而如果你的哲学、你的思想、你的知识，并未赢得男人，却时时想当老师，同样也会令男人扫兴。看来，女人在婚姻场中要么表现得简单中的单纯，或单纯中的简单；要么呈现出一种大智若愚式的朦胧美；要么遵循郑板桥老先生的教导之"难得糊涂"。

秦　畅：有道理。

潘肖珏：我曾经进城出城，又进城又出城，两段婚姻让我终于领悟到：家不是一个讲理的地方。家是一个讲妥协的地方。懂得妥协艺术的女人，是智慧女人，是可爱女人。我们常说，婚姻有四种状态：第一是"可仪"状态；第二是"可以"状态；第三是"可忍"状态；第四是"不可忍"状态。除非你的婚姻真的是处于第四状态，不可忍了，那才另当别论，你另作选择吧，也不要互相折磨、赔了身体。

这是我的又一段经历——

有一天，我打开手机，收到一封带有两个惊叹号的、主题为"求救！有关抑郁症！"的微信。这是我讲座现场的一位听众为她的闺蜜求助的信。

她的闺蜜是南京一家公司的总经理，因被工作压力、情感婚姻等问题困扰，长期失眠、抑郁，情绪非常低落，不能自拔，曾在几年前自杀过，未遂，近期又萌发轻生的念头。在南京看过心理门诊，医生只开了两种药就完事了。服药后，未见效果。

求潘老师救救她！

我马上回复，愿意与她电话沟通，做一些心理疏导。第二天一早，我突然接到南京那位女士的电话，说她昨晚一宿没睡，心里非常难受，精神要崩溃了，想马上驱车来上海见我。我同意了。

我预感，她病情比较严重，必须由专业的心理医生来诊治。下午1点半的时候，她到了，是她丈夫开车送她来的。

她，看上去40岁左右，中等身材，面色蜡黄蜡黄的，脸上写满了"不悦、焦虑、无助"，可能是她长期失眠的原因，人很瘦，一身病态。总之，找不到一点点女总经理的风采。

女人见女人，我心底泛起阵阵的怜悯、同情。

我陪他们去上海一家很有名的精神卫生中心，挂了当天最高级别医生的号，挂号费158元。

在候诊的时候，我突然想起，美国有一家心理诊所，它是《最亲密的敌人——夫妻》的作者、一位著名的心理学家开办的。他办的心理诊所就是为了解决夫妻间存在的问题的，去他那里的很多夫妻都面临婚姻危机。他让他们吵架，在吵架的过程中，双方把很多积怨都释放出来，然后，手挽手回家。

我想，这种酣畅淋漓的心理疏导方法，大概不太适合"家丑不可外扬"的中国夫妇。我那么愿意陪他们就诊的另一个原因就是想学两招专业的心理疏导法。因此，我对这次心理咨询更多了些期许。

我们被主任医生微笑着请进了诊疗室。诊疗室有十五六平方米，里面很简单，放着一张有电脑的办公桌，桌前有三张椅子。医生和病人斜角对坐，便于沟通；中间是病人家属坐，因为他也是医生希望沟通的对象；而我是旁听者，自然坐在远离主要沟通区的靠墙的沙发上。

和蔼的主任医生先听她主诉。在长达 20 分钟的叙述中，她有三次是带着哭腔的。原来，她所管理的那家公司，是和丈夫共同创建的。经过十几年的奋斗，公司已像模像样了。两人分工明确，他管技术，她抓销售。公司业务不错，但夫妻间的感觉却找不到了。

7 年前，因丈夫的婚外恋，她原本的神经衰弱更加厉害，整夜整夜地失眠，安眠药都无济于事，以至于自杀过一次。后几年，就这么凑合着过呗。她总觉得丈夫不爱自己，一肚子的话没地方说，做什么也没劲，很苦恼。近来，她偷看了丈夫的手机微信，似乎感觉他……

此时，医生打断她的话，转脸向其丈夫求证这些情况。得到其丈夫确定后，接下来医生开始埋头写病史，我们都不发声音。大约过了五六分钟，我远远望见医生写满了一页，又翻过去写了半页，医生开始用桌上的鼠标点击电脑屏幕，一边开药一边说：

"你患的是中度抑郁症，我给你开三种药，其中两种是帮助睡眠的。"医生在电脑里输入了患者的身份证号码后，转过脸，对患者说："你先吃两个星期的药，然后再复诊，今天太晚了，没时间对你进行心理辅导了，我下面还有一个病人。"接着，医生又对她丈夫说："对她好一点，不要让她有轻生的想法。"边说边起身，把我们送出诊室。

我看了一下时钟：5 点 25 分。看一个病人用半个多小时，平心而论，这在当今的医院确实是很奢侈了。但问题是面对一个想自杀的抑郁症病人，难道医生就这么寥寥数语地让病人回去吃药？

我纳闷。

"我多么希望医生能多说点。"显然，她很失望，很不满意。她丈夫不语。她丈夫的眼神告诉我们：这不，跟南京的医生一样嘛，害得我那么累，沪宁来回跑。因为他本来就不太愿意送她来。

此时，正值下班高峰时段，他们的车子是外地牌照，上不了高架，只得行驶在拥挤的地面上。从上海的西南角到我家的东北角，一路下来估计需要一个多小时，需要花刚才正规心理门诊的两倍时间。我想，在送我回家的路上，潘"医生"应该上岗了。

她和我并排坐在后座。

"你为什么说，丈夫不爱你？"我一开始就抓住女人情感婚姻最大的"死穴"发问。

"他出差在外，从来不对我嘘寒问暖；我曾经苦心编织一些有异性喜欢我的谎话，可他听了却若无其事；我们平时除工作外的话，很少很少。"她振振有词的三条理由，好像第二条还有点充分，男人这个动物是很小气的，而她丈夫居然会不吃醋？

"我刚才听见你咨询医生，问自己能否再怀孕？"这是打开她心结的第一把钥匙，所以我要追问她。

"是的。"

"第一个孩子多大了？"

"十二岁，是他坚持要生二胎。"她说。

"你想一想，如果他不爱你，不爱这个家，那他完全可以解散这些关系，与别人去组建新的家庭，自然会再生一个孩子，又何必要向你发出邀请来实现这个愿望呢？"她一声不响地听我说，我看了一下她的眼神，好像有些认可。

在这个关键问题上，我希望有她丈夫的赞同票。于是，坐在汽车后排的我，身体开始往前面驾驶座位上靠，并用右手指有意识地往他肩膀上点了一下，示意他表态。

"潘老师说得对。你老要我回答我不善说的那三个字，我不说，你就整天胡思乱想，'作'得要命，还时不时地重提那个旧事，搞得我一点心情也没有。"他的话，很实在。

的确不是每个男人都喜欢用"我爱你"来回应老婆的，而女人这个听觉动物却非要穷追不舍，于是，男人就是再爱也爱不起来了。她的丈夫，虽然身材并不高挑，但外在的形象却比她得分高。看上去比较内向、稳重，话不多。根据我的分析，他并不想离婚。不想离婚，是不是因为妻子是搞销售的，手里有全部的客户资料，怕釜底抽薪？抑或是孩子的因素，还是财产分割的因素，要不，就是两人缘未尽、情未了。

我实在无法判断，且这些，此时此刻，对我来说无关紧要。重要的是他"不想离婚"，这一点也恰好是她的心愿。因此，我认为，解决他俩的问题，应该不会是两条平行线，而是两条相交线。

我顿时信心倍增。我们的交谈继续着。

"你有没有感觉到你丈夫也有对你好的时候？"我开始引导她自我否定。

"有。"她回答得很快。

"比方说……"我努力让她在自己的丈夫面前说出来。

"晚上他会经常抱着我睡觉。"这句话，她说得慢慢的、轻轻的，很有情调，也有点羞涩。我转脸看见她神情中透着一种女人的满足感，但我无法看清她丈夫的表情。

"好了，你是需要丈夫一句应付性的'我爱你'呢，还是需要经常性的温暖怀抱？"

"你不是不知道，我这个人是不喜欢多说的。"没想到她丈夫抢在她前面说话了。

"我知道，你比较内向，可我……"她不好意思地回应了一下丈夫。

"你这叫'哪壶不开提哪壶'啊，你知道吗，男人最烦的就是这点。"我趁机敲打她。

"我并不是只要听好话的人，他有些事做得实在让我放心不下。"

她开始摆事实了。

"一次，我听见丈夫在安排朋友间的节假日郊外活动，并告知大家不要带家属。我想，是不是他们都带情人，所以不带家属？为此，我哭了好多天，又失眠了，觉得自己活着没意思。"她又开始流泪了。

"你这个想法为什么不跟他沟通？"我问。

"我怕沟通不好会吵架。"她说。

"不带家属就是我有情人？你就是生活在自己的逻辑里！"丈夫显然不高兴了，好像受了冤枉。

这时候，我不想当裁判，而是给他们讲了一个故事。

故事的主人翁叫小黄，小黄和她丈夫分别是不同公司的白领，小日子过得不错，还有一个5岁的宝贝儿子。自从丈夫晋升为经理后，她发现丈夫有了婚外恋情，但她一直没吭声。

不久，小黄主动找了一个出差的机会。晚上，她在当地往家里打电话，没人接。打丈夫手机，关机。于是，给丈夫发了条短信："我丢了一件宝贝。"两小时后，收到回复，问丢了什么。

再回复："你的忠诚。"没有回复。

半夜，小黄睡不着，又给丈夫发去短信："我和儿子感谢你给了我们富足的生活，但是如果把最珍贵的东西丢了，我们宁愿不要这些。"

接下来的几天，双方都没有联系。小黄不胡搅蛮缠，让丈夫充分思考。临回去的那天早上，小黄收到丈夫的短信："老婆，我愿意帮你一起找回失去的宝贝，可以吗？"

在那个陌生的城市，小黄放声大哭。也许，她丈夫终于明白，那个让他一时心动的女孩可以给他激情，但是却永远不会包容他睡觉时刺耳的鼾声，不会在他醉得不省人事的时候彻夜守在床边给他倒水、擦汗，收拾吐得一地的狼藉，更不会在 7 年里的每一天早上把胃药包好放在他的包里……

小黄回到家后，也没再提起这件事。小黄明白：家，是一个宽容错误的地方，家的定义是舒适，而不是互相追究行为是否符合准则。在家庭中讲"道理"是很可怕的。家，又是一个提供给人松懈的地方，家的松懈，不免有许多逻辑的错误可被发掘出来。随着时间的推移，生活慢慢地、慢慢地恢复了它本来的面目。他，全心全意地当起了好丈夫和好爸爸。

日后，小黄对小姐妹们说，想起那段日子，虽然心里还有些隐隐作痛，但有时想想，也许，这就是婚姻吧。

我的故事讲完了，但眼前的这两个听讲人却还沉浸在故事中，他们无语。她带着欣赏、带着内疚说了一句："这个女人很智慧。"

"潘老师，你的挂号费收 518 元都不贵！"她丈夫夸了我一下。

"那我可以发财啦！"看来，他俩听懂了这个故事。

我抓紧用剩下的一点时间，快速讲了我的经历……当他们知道，面前这个活得滋滋润润的潘老师的种种苦难后，惊呆了！

"怎么样，和潘老师比，你还想死吗？"她丈夫问她。她笑了。

这是我第一次看到她笑。

这时，我到家了。在我下车时，我的两只手被他们的四只手紧紧握住。第二天，我收到她和他的微信，他们告诉我，他们昨晚过得很好。

我回复："我相信，你们会越来越好的。"

几个月后，我跟踪回访，情况不错。我很有成就感。

Q&A

秦　畅：我们现在的"爱文化"知识比较缺失，由此引起的情感问题多多。对此，您怎么看？

潘肖珏：我认为，现在主要是"性文化"知识普遍缺失，再加上现在人的情感诱惑也多，还有压力山大的职场压力等，多重因素导致"爱文化"的缺失。

最近，我发现一个问题，有不少40岁左右的女人，她们的夫妻生活基本上是无性婚姻，这是很危险的。其实很多外遇的发生或者第三者的出现，都是个体为了满足一定的性需要。一个女性跟我聊，她老公对她没感觉，即便她再好，她老公也会找出种种理由不碰她。她依稀感到，老公可能有外遇。但是，她又没证据，不知道怎么办，心里很纠结。她很羞于谈性的话题，不知道怎么跟老公去沟通。其实，"性"是表达夫妻关系很重要的一种方式。而无性，特别容易无爱。有性之后特别容易生爱。

秦　畅：您提到了一个很严肃的夫妻生活之道。的确，这方面的教育，我们比较缺失。

潘肖珏：所以，这是一个非常重要的夫妻人文教育。而中国的传统文化是禁锢这种教育的。在目前多元文化的冲击下，就会成为离婚率升高的因素之一。

我听说现在有人建议，中国能不能试行：婚姻每隔5年续一次约。因为现在中国的婚姻中，很多人是因为子女，因为财产，不得不捆绑在无性的婚姻关系中。然而，一个人在"不得不"的时候，她的生活是不开心的。

我觉得，如果社会进步到婚姻可以每隔 5 年自愿续约的话，也是不错的。那样更能考验夫妻在一起不是为了婚约，不是为了别的什么，而是真正的两情相悦，非常纯粹，爱情与婚姻无缝对接，身心灵愉悦，生活品质会高很多。

如何与自己不一样生物属性的男人相处？我的思考，往往是在与 n 多来访者的频繁交流中，慢慢地构建起这个话题的底层逻辑。这就叫"施受同体"，帮助了别人，同时也进步了自己。

如何调适"亲密天敌"的婆媳关系

"婆媳是天敌",这个判断是谁下的,这个说法是什么时候开始的,无从考证。但这个判断,却貌似约定俗成了几百年,甚至几千年,深深根植于家庭关系中。

我在一次三八妇女节的女性修炼讲座上,做了一次问卷调查,请21世纪的姐妹们为"婆媳是天敌"这个说法,写下她们的见解。

汇总的典型意见:

(1)因为婆婆是老公上辈子的情人,媳妇是老公这辈子的爱人,所以,这两个人是情敌关系,婆媳自然就成了天敌。

(2)常说自古婆媳是天敌,深以为然,这句话应该还有后半段:男人没用,婆媳才是天敌。

(3)婆媳关系要靠男人从中彻底解决,也是不太现实的事情,所以,这个问题貌似无解。

(4)因为婆媳之间没有血缘关系,最多只能靠"爱屋及乌"来维系,所以,一旦接触多了,就很容易因为一些生活琐事而产生摩擦,发生战争。

(5)婆媳之间的战争发动起来,历来都是非常可怕的,很难予以平息,容易相互记仇,一经积攒下旧恨新仇,化解起来相当困难。

(6)婆媳是天敌有点言重了,不过婆媳问题,从古至今,一直都是一个难题。"多年的媳妇熬成婆"，就这样代代相传，成了世袭。

（7）婆媳矛盾是抢占资源的战斗，根源是对"儿子"这个资源和话语权的争夺，再加上天然的同性相斥的动物本能。

（8）婆媳如果在一个屋檐下生活，更容易因权利争夺而展开激烈的角逐，让整个家庭失去安宁与祥和，最终陷入鸡飞狗跳的境地。

（9）婆媳之间要保持一定的距离，避免总在一起，这可能不是什么高明的办法，但却是最有效的办法，也是一个釜底抽薪的办法。

这次问卷的样本数是120份，其中70人是"媳妇"，50人是"婆婆"。95%的女性认为："婆媳关系"虽然不至于是"天敌"，但确实非常棘手，很难和谐相处。如果能相处得"不咸不淡"，已经是"烧高香"了。

这个数据，出乎我的意料，当下的婆媳关系确实内卷化了。

我曾经与一位中学退休老师聊起这个话题，她50多岁，当"婆婆"也有好几年了。她向我介绍了她的"断亲"式婆媳新模式。

"断亲"？断绝亲情？好麻辣啊！我一脸茫然。

她略带微笑，娓娓道来：

你别紧张，"断亲"不是断六亲，而是相对于世俗的"亲密关系"稍稍保持距离，这不仅是地域上的空间距离，更重要的是思想行为上的互不干涉，保持各自生命体自主的心理距离。我和儿媳妇貌似不那么太"亲"，有事联系，无事各忙各的。现在我挺喜欢这个状态，我觉得这是一种文明现象。

说得透彻一些，我不会去问她为什么辞掉银行铁饭碗，而在家做电商；我也不会去询问为什么他们要选择丁克；我连天气降温了，也不会电话提醒，明天要换羽绒服了；等等。

"啊，你们好冷漠，没有人性的温度了，连朋友都不如了。"我不得不打断她。

她毫不客气地说，你武断了，你的判断完全错了。她继续说——

中国人比较讲亲情，亲情是中国文化中一个挺重要的部分，但过分地"亲"，过分地"灌情"，唠唠叨叨，这里面就有干涉别人的成分。这个认知，现在的家长很缺乏，他们好心地，但肆意地表现着自己的控制欲。

"亲属之间，那也叫干涉？也是控制？"我憋不住，又打断。

她回答我这个问题——

这个干涉包括那些语重心长的嘱托，包括对儿媳妇的良好希望。恰恰是这些事事关心、时时牵挂，经常去嘘寒问暖，不停地询问她的现状等。这些"良好"，都是干扰，本质上就是干涉。当然，这不仅仅是对儿媳妇，对儿子、对女儿、对下一代都是如此。

"这个断亲模式是你这位婆婆提出的，还是你儿媳妇提出的？"我问。

她开始讲述这个模式的由来——

我儿子决定结婚，就提出与我们父母分开住，但两者保持"一碗汤"的距离，也就是在我们居住的小区内买房，并说，买房的钱，他们自己解决，至于房产证上怎么署名，请父母不要操心。

"不啃老，这两个孩子挺好的。"我不得不肯定这一点。"婚后情况呢？"

她继续——

婚后，我提出，我家的钟点工阿姨也可以为你们所用。此时，儿媳妇与我深谈了一次。总的观点就是让我们放心，他们会安排好自己的生活，让我不要过问，更不要具体插手。但凡我们有需要他们的时候，马上呼一下即可。微笑着给我八个字：有求必应，无事不扰。

当时听了，我心里不是滋味。娶了媳妇，丢了儿子。这算什么啊！此时，我脑子里冒出两个字"断亲"！为此，我感到深深的失落！

"是啊，你儿媳妇如此理性，现在的'90后'，实在看不懂！"

她动情地讲了一件事——

有一次，我在家中急性腹痛，告诉儿媳妇，她立马赶来，看我腹痛难忍，又发烧，当机立断打120叫了救护车，送医院急救。诊断急性阑尾炎发作。手术。儿媳妇在医院整整陪护了3天3夜，同病房的人都以为是我女儿呢。出院后，每天给我送营养汤，直至我康复。我们又回到原先的模式。

"这孩子不错！"我自言自语。

她还在叙述中——

从那以后，我开始理解年轻人的"断亲"模式了。

一个人的自由意志，你过多询问，不管你动机是什么，都是对另一个生命体的干涉。再亲密的关系，也要保留个人空间。让每一个我有机会成为"我"。所以，我觉得现在年轻人处理亲情关系，更接近于现代文明。她不再愿意和亲人过于密集地打交道，保持着很舒服的距离。我好，我坏，是我自己的事，不用你们操心。如果我实在不行的话，你们给我点钱，倒是可以。但是给我钱的代价是你们要干涉我，那这个钱，我宁愿不要。但你们依旧是我的亲人，只要你们需要我，我一定挺身而出，全力以赴帮助你们，毫无怨言！

"这'断亲'模式是需要一点勇气的，甚至是更坚定的自我意志才能做得到。"我已经开始接受这样的理念了。

我和她进入反思时刻，如今时代变了，我们处理婆媳关系的理念确实也要随之变化。"断亲"模式，看来也不失为一种选择。

为了证明她与儿媳妇这种"断亲"模式的先进性，她让我看了一段视频。视频里的主诉人是一位50多岁的女性，操着东北口音，我们一起听听吧——

因为儿子结婚早，我和他爸没有退休。儿媳妇生完孩子后，我们没有时间照顾她。坐月子请的是月嫂，产后呢，儿媳妇要上班，一家人就商量找个保姆吧，没想到亲家母主动说来帮忙带孩子。

我们很是感激，毕竟交给自己人也放心，于是我和他爸爸就私下商量，每个月给补贴点钱，亲家母出力，我们出钱。还没等我说完呢，儿媳妇就打来电话说，既然大家都同意我妈来看孩子，也就等于我妈在咱家打工。每个月咱就要给人家发工资，你们呢多少也应该出点钱，不多，5000 元就行。定个时间吧，每个月 10 日，爸妈，你们觉得这样麻烦，就一年一次性给也行，这样也省事儿。

说实话，儿媳妇的话，让我们多少不高兴，毕竟，主动给和张口要我们给，人的感觉是不一样的。

不过为了家庭和谐，我就一口答应，每个月转 5000 元钱。有一次周末，我去儿子家看他们，特意买了海鲜和肉，让他们放在冰箱里慢慢吃。我一进门，亲家母应付地说了一句：来了。然后就抱着孩子扭头进了房间。儿媳妇呢，一直坐在沙发上看手机，也不和我打招呼，我尴尬地站在那里。

回家后我就打电话给儿子，到底咋回事，我好像得罪了你媳妇和你丈母娘了，他们不冷不热的。儿子很直接地讲，妈，这个月你还没有给转钱，他们就不高兴了。

每个月都是提前一周把钱转过去的，就这个月工作忙，忘了。儿媳妇你至于生气吵架吗？我越想越气。我就把话也给儿子挑明了，我说，孩子是你们小两口的，亲家母也没有责任带，她不高兴就可以走。我也没有义务再出钱了，要是亲家愿意带，这个钱，你们自己出。

我不明白为什么在儿媳妇眼里，我们所有的付出都是理所应当的。难道婆婆养大自己的儿子，还要养孙子吗？作为父母，我们倾其所有，给儿子买车买房，还要出钱养孙子？真不知道，现在当个父母咋就这么难？我决定断了帮扶，说我是恶婆婆也无所谓了。

视频看完了，我和她说，这确实是当下婆媳关系的一种现状："媳妇"太过分；"婆婆"处理事情不妥帖；"儿子"太无能。

她突然说，潘老师你是模范婆婆，也是优质儿媳妇。我一直很佩服你处理婆媳关系的艺术。

我说，婆媳关系是两好和一好。当然，在"婆婆"与"儿媳"这两个家庭角色中，我还算称职。

当我还是姑娘未嫁之时，曾看到过一篇文章中有这样一句话："凡是能处理好婆媳关系的儿媳，都应该发个诺贝尔奖才对。"年少无知的我，当时对这个观点是持反对态度的，心想哪有这么难！人都是有良知的，再难弄的婆婆，只要自己真心对待，就能滴水穿石，感化对方。

我25岁，出嫁，为人妻，为人儿媳。

我婆婆结婚早，17岁当妈，42岁当婆婆。她不仅长得漂亮，而且非常能干，是一位理家能手：烹饪行，缝纫行，打毛衣更行。打毛衣是我的短板，所以丈夫和儿子的毛衣都是婆婆承包的。婆婆年轻时担任一家托儿所的所长，出色的管理能力让她获得了"上海市三八红旗手"的称号。

婆婆是宁波人，坊间有一种说法，宁波人的婆婆很难伺候的。可我一点都不怯场。我和婆婆都是那种说话大嗓门的人，我俩经常勾肩搭背地开玩笑，她说我的脸长得像"梭边鱼"（上海话，普通话叫鲳鱼）；我说您老吃西瓜一只鼎（她的牙齿，前面长得有点突出），说完，我俩仰天大笑。公公在一旁说，瞧你们娘儿俩！

这么说吧，但凡我与我妈妈说的话，都可以与我婆婆说；而我与婆婆说的话，却不一定能与我妈妈说。明白了吧，这叫"不是母女，胜似母女"。

一次，婆婆犯了眩晕症，很厉害，不能动弹。我得知，马上从江湾镇的工作地点赶到五角场婆婆家，叫了一辆出租车，把婆婆送到市区的仁济医院急诊。就这么一次经历，让婆婆感动不已。在20世纪70年代，上海人一般舍不得打出租车的，当时，我的工资每月只有36元，而这次出租车的往返车费是14元，几近一半的工资。所以，婆婆经常与人讲这件事，夸自己的儿媳。

后来，我的婚姻失败，所以，我们婆媳只相处了 16 年。虽然，社会学的知识让我们知晓婆媳关系是一个法律关系，当丈夫成为我的"前夫"时，婆婆就顺理成章地成为我的"前婆婆"，但我们的婆媳关系，根本不受法律"制裁"。16 年后的日子，我俩照样互动良好。

当得知我得癌症了，可把老太太急坏了。我手术是在大热天，老太太顶着骄阳，从上海东北角的近郊，换两辆公交到市中心的仁济医院病房来看我。

"这是红头老鸭汤，抗癌的，快趁热吃。"老太太把温温的老鸭汤，一勺一勺地喂给我，我湿了眼眶，模糊中看到她满脸的汗，我的心，一抽一抽的！

病房里的人，听我称呼她"妈"，都说我们母女俩处得真客气。当知道，原来是一对"前婆媳"，所有人蹦出同一个字："啊？！"

我住院的那段时间，老太太到处打听抗癌食品，紫葡萄、猕猴桃……隔三岔五跑病房。有一次，公交坐过了站，她步行多时，后背的衣服汗湿了一大片，她却笑呵呵说，"减肥了！"那是一位身患肝硬化的 70 多岁的老太太啊！我心疼到几近哀求，"妈，你不要再来了，好吗？"

她答应，不来了。

可有一天又来了，而且气呼呼的。一进门，就劈头劈脑开骂："你脑子进水了，不肯化疗。你不要命！你是不是要好看，怕掉头发？我帮你买假发套！听见哦，今天就与医生讲，化疗！"宁波人激动起来，讲话都是惊叹号！

一病房的人都屏住呼吸，老太太光火了！

"妈，您老不生气噢，我有比化疗更好的办法。您放心，我出院会告诉您。谁说我不要命，我要活的，我还要与您一起去奉化老家呢！"我拿出小本本，示意老太太：这小本本上我有绝招的。其实，我是急中生智，想让老太太先平平气，不要伤了身子。

此招，真灵，老太太笑了。

2006年元月的一天上午，我接到婆婆电话，让我去吃午饭，说是从老家带来了蟹糊，知道是我爱吃的。其实，我得病后，腌制食品已经戒了。但不能扫老人家兴，我准点到。

午餐后，婆婆拿出一只首饰盒，里面是一条白金项链，还带着钻石坠子。"你妈在老凤祥买的，送给你。"公公在一旁说。

我惊呆了！两位老人都是退休之人，怎能让他们花重金破费啊！所以，我死活不肯收。婆婆说："你们离婚快10年了，以前你当儿媳妇时，家里经济条件不好，没能给你点金货，现在补上。"边说边颤抖着双手给我戴在脖子上。

当时的我：要，也不是；不要，也不是。内心翻滚得厉害。

我知道他们平时很节省的，经常就是臭冬瓜、臭苋菜杆等宁波人的下饭菜。而且退休早，养老金也不高。要买这个贵重的饰品，得攒多久钱啊！但当下，这盒子里躺着的，是远比这钻石还珍贵的心意啊！我，还是应该收下的。

由于婆婆长期身体欠佳，未到耄耋之年就谢世了，真是太遗憾了。婆婆长我18岁，就是活到现在，也才只有89岁，还不算老啊！

每每在梦里与婆婆见面，音容笑貌依旧。

我永远的婆婆，我的妈！

儿子结婚、离婚，再结婚，这样，我当过两次"婆婆"。

有一次，前儿媳妇发我一条微信：妈妈，我们海宁路老房子动迁了，我拿了两套房子，其中浦江镇的一套一房一厅是给您居住的。您收下吧，小高层11楼，您的是7楼。

我泪崩，前儿媳妇给前婆婆安置一套新房子，这不是"房子"，这是"情海情天"啊！

我的现任儿媳妇是一位中医针灸医生，共同的中医养生事业，让我俩亦师亦友亦母女，且儿媳妇很佛系，心地善良，酷爱中医，医术精湛，我与她交流的话题很多，很深入。我们彼此享受着彼此的温暖。有一天，我对儿媳妇说："我想物色一家书香养老院，再过 10 年，可以住进去了。"她不假思索地说："不行，妈，您老我一定陪伴到底了。"又是一个"情海情天"啊！

婆婆是我前世的"妈妈"，儿媳妇是我今世的"爱女"。我们能在人世间相遇，惜缘！

人生苦短，甜更短。我们没有时间争吵，没有时间伤心，没有时间锱铢必较。我们只有时间去爱，去享受人性的美好。

小心恋爱路上被"PUA"

什么是"PUA"？虽然这是一个外来词，但这种现象，却严重弥漫在当下女孩的恋爱路上。

我们还是从具体案例来认识"PUA"吧。

有一位女孩与其有家室的老板"恋爱"了，就这样，一个青涩的姑娘为此默默地付出了 8 年宝贵的生命时光，头顶着无法见光的"小三"帽子，憋屈地撞入了 30 岁女人的行列。老板对她说，虽然十几年与妻子貌合神离，但没有办法离婚的，有一大堆难以解决的问题，比如孩子，比如财产云云。"但我是离不开你的，公司也离不开你，你是我的唯一，你是我生命的支柱，我会永远对你好的。"这 8 年中，每每都重复着同样的话，且边说边把女孩搂在怀里。女孩就这样一次一次被这个中年男人的体温，化了、卷了、PUA 了。

说到这儿，大概可以明白 PUA 的含义了吧。

PUA，全称"Pick-up Artist"，指"搭讪艺术家"，其原本是指男性接受过系统化学习、实践并不断更新提升、自我完善情商的行为，后来泛指很会吸引异性，让异性着迷的人及其相关行为。

PUA 现象的滋生，反映了人们对于个人权利和尊严、亲密关系、暴力、性吸引、性别规范的错误认知。

我们回到案例中——

有一天，因为工作上的事情，女孩与公司同事发生了争吵。随即被攻击为："你这第三者插足的东西，一个没有廉耻心的女人。"她被击倒了，几近崩溃。

女孩体温升高，脑袋一片空白。

她找了心理咨询师，大哭一场，说自己极度痛苦，来这儿是希望找到可以让对方放弃那个已经死去的婚姻，然后与她结为秦晋之好的方案。

心理咨询师告诉她：我们没有办法去改变对方，但是我们可以改变自己。先梳理自己的思路：在这个过程中，你到底想要什么？你的未来在哪里？

她就开始不断地去替这个男人合理化——说他离不了婚实属无奈，因为他顾虑太多、孩子太小啊。他没办法离开我的原因是因为他的事业，我对他很重要，还有他与我在一起能找到男人的雄风。

整个过程简直一个大型的 PUA 现场。女孩就是在这种精神的控制下，慢慢地合理化了很多对方不正常的行为。其实从更高的角度去看，很明显是女孩在一种被利用的关系中渐渐地失去了自我。

那女孩为什么意识不到自己是被 PUA 了，却还拼命地去帮别人美化呢？

接着，心理咨询师问了她一个问题：你跟你父亲的关系怎么样？她又被击中了，情绪有点失控。平静几分钟后，她叙述了跟父亲的关系不圆满。她父亲很早就离开她了，所以导致女孩在后面的关系中会没有力量。没有力量就会心甘情愿地去为了一个不值得付出的关系，一直自我欺骗。

直到有一天，她觉得没有办法再欺骗自己了，才出来寻求帮助。但即使到这一刻，她还在替对方打掩护。当然，女孩全程都不敢讲对方是爱他的。因为她心里没有答案。

很多时候的两性关系，其实是原生家庭中关系的一种投射。面对这类女孩，我首先想的不是世俗的考量，而是当事者的一个心理状态和她在这种畸形关系中的一个位置。我非常明白，她内在的自我攻击和世俗舆论给她的压力。

一个故事很短，但可以用来调适那女孩。

在一个禅院里，一位小和尚看到一棵枯萎的小树很难过，问师父，"我该怎么救活它呢?"师父说，"你让它自由离开吧"。小和尚说，"师父，我原来以为你是个善良的人，没有想到你这么无情"。于是，小和尚就坚持每天去浇水，可是一周以后，树叶依然落光了，树干也断了。小和尚难过不已。师父对他说，"拔掉枯树，种上花草"。小和尚就种了花草，一周以后，花草长出了绿芽。他又很高兴地告诉师父，"你看，发芽了"。师父笑而不语。这个时候，小和尚才恍然大悟。其实，生活中那些糟糕的事情就像一棵枯树，无论我们使多大的劲，都没有办法改变结局。所以不要总是放大自己的感受，不要总和那些糟糕的事情对抗。让过去的过去，让将来的将来。伤害我们的从来都不是别人的无情，而是自己内心的不甘和执念。

我想对这类女孩们说一段话:

有一句话，叫"会痛的不是爱"。我们不要批判自己。如果这段关系中你的痛很多，一定代表有东西比爱更重要的。那是什么? 是你的背负，你的牺牲，你的无价值感，还有在这个过程中遗忘了的自己的初心和快乐。我们永远没有办法去改变那个男人的想法，但是我们可以做到的是改变自己，让自己成长起来去看清楚，对自己的未来做出一个最正确的判断。

我一直在想一个问题:有些女孩在恋爱路上为什么会被 PUA? 是因为"恋爱脑"? 有一种说法，恋爱中的人，智商为零，特别是涉世不深的女孩，更容易被对方催眠，潜移默化地被设定一个认知边界，一旦陷入其中，就很难突破了。就算偶尔身体出去了，看到了不一样的东西，可能还是会用原有的认知来解释。就像井底的青蛙一样，就算看到了外面的天空，还是会认为天空跟井口是一样大的。从此，她就活在一个有限的范围里——一个被编织的物理边界和认知边界里。这个边界限制了她的视野，使得她的认知无法拓展和延伸，就好比对于一个拿锤子的人来说，全世界都是钉子。

一个觉醒的灵魂是无价的，她的认知一旦觉醒，她的人生将从此彻底翻牌。她再也不会被封闭在信息茧房里，再也不会封闭在自己的幻想里。

我听过一位突破认知边界后的女孩说过最拽的一段话："我不拆穿你。我会远离你，我会不动声色地淘汰你。我只做选择，从来不做教育。你有你的立场，我有我的底线，对不起，你出局了。"

多爽，多豪迈的转身啊！必须点赞！所以，决定最终归属的是自己认知觉醒的程度。

有人说，爱情对于女人是一生的历史；而对于男人却是一生的插曲。我认为，"历史"也好，"插曲"也罢，关键是对待"爱情"的认知。

什么是爱情？给3分钟，能说清楚吗？伟大的柏拉图去请教老师了——

柏拉图问老师苏格拉底什么是爱情，老师就让他先到麦田里去，摘一颗全麦田里最大最金黄的麦穗来，只能摘一次，并且只可向前走，不能回头。

于是，柏拉图按照老师说的去做了。结果他两手空空地走出了田地。老师问他为什么摘不到，他说："因为只能摘一次，又不能走回头路，其间即使见到最大最金黄的，因为期望摘到前面更大更金黄的，所以没有摘；再往前走时，又发现总不及之前见到的好，原来最大最金黄的麦穗早已错过了，于是我什么也没摘。"

老师说："这就是爱情。"

这就是爱情吗？我不想作评判。但我更愿意借人世间那些美好的爱情来回答这个问题。

这是法国著名时装设计师贝尔·德·纪梵希与奥黛丽·赫本的故事。纪梵希是世界时装界的绅士，他一辈子未娶妻生子，穷尽一生都在成就赫本，那个他心中的小女孩。在26岁的时候，纪梵希认识了他此后42年中的挚友赫本。那天，他在工作室见到了当时并不出名的赫本。因为对纪梵希的设计十分仰慕，所以赫本专门登门拜访，请求纪梵希为她的电影《龙凤配》设计服装。

但是当时的纪梵希正在准备一个新的服装秀，便委婉拒绝了赫本的请求，但赫本仍然不依不饶请求他，于是他同意赫本从自己上一届的设计中挑选服装。

当赫本穿上纪梵希设计的衣服之后，纪梵希不禁赞叹道，这衣服和她真的绝配。在电影《龙凤配》中，赫本身着纪梵希设计的黑色鸡尾酒裙，肩上有两只小蝴蝶，一举一动都在散发光芒，电影一面世，便立刻风靡全球。

也正是纪梵希的3套衣服，让电影《龙凤配》大获成功，并且拿到奥斯卡最佳服装奖，赫本也一跃成为好莱坞最当红的明星，作为头号功臣的纪梵希也开始被人熟知。

这次合作后，两人就开始多次来往，甚至占据了对方的生活。从1953年至20世纪90年代，赫本一直是纪梵希服饰的象征与标志，甚至纪梵希设计的第一款香水"禁忌"都是专门为赫本量身定制的。同时，赫本为纪梵希拍摄宣传片做广告，也是一分钱佣金未收。

这款香水直到研发后的第三年，才对外销售，只是因为赫本无意中说过一句话："如果这香水是为我而生，那请别把它卖给别人。"

在20世纪五六十年代，纪梵希的设计已经成为无数名门望族争相追捧的对象，而他却只对赫本上心。他不仅为赫本设计每一套戏服，还亲自操刀为赫本设计婚纱。眼看着赫本与他人牵手走进婚姻殿堂，纪梵希并没有因此放弃对赫本炽热的爱，他把所有的爱都倾注到为赫本设计的衣服中。

凭借着《罗马假日》中的出色表现，赫本在1954年成功斩获第26届奥斯卡金像奖最佳女主角奖。在颁奖典礼上，她身着纪梵希为她设计的礼服，一出场瞬间惊艳四座，迷倒众生。或许只有纪梵希知道，什么样的衣服才能让赫本光芒四射。然而，看似没有任何缺陷的赫本在感情生活中却一直跌跌撞撞。

她经历过两次离婚、两次流产，在这期间，纪梵希都一直以好朋友的身份陪伴，他从来没有越过自己的身份。纪梵希每次给赫本制作新娘的礼服时，都深情地说："我永远在您背后支持您的幸福。"他对赫本的爱，全世界都知道，然而赫本却一辈子都没有以同样的感情回报给他。即便赫本已经结婚多次，但她始终没有选择与纪梵希结秦晋之好。或许经历过失败婚姻的赫本认为，只有挚友的关系才能让两人永远在一起。

后来，赫本因患癌症需要回到瑞士休养，纪梵希二话不说用装满鲜花的私人飞机将赫本送回瑞士。赫本很开心，在这个世界上，也许只有纪梵希把她当作小女孩来宠爱。1993年，赫本离世。那个冬天有将近2万人参加了她的葬礼。作为赫本的知己，纪梵希在她最后的日子里一直默默陪伴在她身边，并亲自为赫本抬棺。

"我爱你，你随意"——这就是纪梵希的爱情宣言。

每每想起这段凄美的爱情，我都会发呆许久，静静地回味。一个女人，如能被"纪梵希式"的爱情拥抱，此生足矣。这样幸运的女人，还有谁能享有？——林徽因。而大哲学家金岳霖先生就是中国的"纪梵希"。

金岳霖初见林徽因，是在一次聚会上，林徽因美丽的外貌和横溢的才情，深深地吸引着金岳霖。无论是文学、建筑、艺术，还是哲学，林徽因都能信手拈来，侃侃而谈。从震惊到欣赏，再到不可自拔的爱，金岳霖孤单的一生由此而始。

自从参加过被林徽因称为"太太的客厅"的沙龙之后，他就成了梁家常客，每次聚会必定到场，总把话题引往林徽因感兴趣的方向，然后就静静地听她讲述，偶尔一两次交谈就让他非常高兴，仿佛一个在初恋面前努力表现的小男生。

随着接触越来越多，为了能更接近林徽因，金岳霖甚至直接搬到了梁家附近，然后天天去串门。从1932年到1937年，他与梁思成林徽因夫妻俩就住前后院，因为年龄的关系，俨然成了两人的老大哥。他喜欢林徽因，但始终把这份爱藏在心底，不曾越雷池半步，只是小心守护着她。不为占有，只要付出。

金岳霖的爱慕之意，自然瞒不过心思细腻的林徽因，她曾在信中称金岳霖为"另一个爱我的人"。那林徽因对他产生过爱意吗？从日常相处和交往经历来看，林徽因对金岳霖似乎也是爱过的。

但林徽因是一个传统而理性的人，爱上丈夫之外的人让她左右为难，纠结了很久之后，决定告诉丈夫。1932年，当梁思成出差归来，她向梁思成诉说"自己很苦恼，似乎同时爱上了两个人"。这两个人无疑就是梁思成和金岳霖。

心爱的妻子爱上了别人，梁思成心中的痛苦可想而知，辗转反侧一夜后，他告诉林徽因，"你是自由的，可以自己做出选择，不管最后结果如何，我都会祝福你"。当林徽因把这些话说给金岳霖听时，金岳霖也非常感慨，称梁思成是真爱林徽因的，能让她自己选择而非禁锢，看来自己该退出了。

这就是金岳霖，他同样没有死缠烂打，宁可牺牲自己也要成全所爱之人，只要你过得更好，自己如何都不重要。

在金岳霖心中，林徽因是圣洁的，应该像人间四月天一样草长莺飞，诗意烂漫，不应该受俗事困扰，他要做的就是呵护她，而不应该给她带来麻烦。

相互之间表明心迹之后，所有的隔阂都消失了，三人之间好像什么都没发生一样，又回归了以往的平静。此后多年，一直维持着这样紧密的联系，抗战胜利后，三人重返北平再次过起比邻而居的生活。

1955 年，林徽因去世，得知消息的金岳霖像是孩子失去了最爱一般，在短暂的惊愕后，便是止不住的号啕大哭。金岳霖在挽联中写道：一身诗意千寻瀑，万古人间四月天。

斯人已逝，徒留记忆在心头，几年后当梁思成二婚时，金岳霖却在林徽因墓前独坐一夜，看着梁思成的热闹喧嚣，他不想让林徽因孤单寂寞，于是来到墓前陪她。

金岳霖为林徽因独守一生，用情之深，无人能及。也许这就是最美的爱情，爱一个人不需要理由，也不为占有，只是心甘情愿地付出所有。这就是金岳霖对林徽因的爱情，这种爱情叫"我爱你，你不必打破现状"。

在漫长的生命旅途中，每个人都会有许多次怦然心动，但不是心动了就爱，爱了就要有结果。也许，爱情的魅力就在于"未完成式"！

我们假设：如果纪梵希与赫本、金岳霖与林徽因都步入了婚姻，结果会怎样？在解这个问号之前，还是先回答什么是"婚姻"？我们继续那个柏拉图之问吧。

柏拉图也曾问他的老师什么是婚姻？老师就叫他先到树林里，砍下一棵全树林中最大、最茂盛、最适合放在家做圣诞树的树。同样只能砍一次，以及同样只可以向前走，不能回头。

于是，柏拉图照着老师的话去做了。这次，他带了一棵普普通通，不是很茂盛，亦不算太差的树回来。老师问他，怎么带这棵普普通通的树回来？他说："有了上一次的经验，当我走过大半路程还两手空空时，看到这棵树也不太差，便砍了下来，免得错过之后，最后又什么也带不回来。"

老师说："这就是婚姻！"

作家刘娜说："婚姻的真相，是需求、繁衍、财产和利益的综合体。"

婚姻确实是个复杂的命题，单一的爱是撑不起婚姻的。因为婚姻很现实，长久生活的磨合，必定会将人打回最真实的样子。倘若只顾荷尔蒙沸腾就步入婚姻，那么这段关系注定会来去匆匆。因为心动是荷尔蒙的迸发，只需彼此看对眼，而婚姻则是下半生的相守相依，需要诸多综合考量。其实，婚姻中最可怕的，不是日后遇见更好的人，而是你有没有读懂真正的爱。

诚然，世界上最神圣的感情是爱情。但当爱情修成正果步入婚姻殿堂的时候，人们却很怕"爱情"会丢失，于是就有了各种各样的誓言。但现实很残酷，婚后的"一地鸡毛"会将当时的"誓言"敲得粉碎。于是，大部分人的婚姻是这样的：永远在后悔，绝对不放弃，吵架吵到底，终生在这里。

对此，终于有人给出解决办法：你们共进早餐，但不要在同一碗中分享；你们共享欢乐，但不要在同一杯中啜饮。像一把琴上的两根弦，你们是分开的，也是分不开的；像一座神殿的两根柱子，你们是独立的，也是不能独立的。婚姻为什么往往容易破裂？一个很重要的原因是对婚姻的误解，以为结婚后，两个人就应该非常紧密了，就像一个人一样。第一是不可能的，第二即使可能也是不可取的，各人要有自己的自由空间。

谈"婚姻"，貌似有点烦心，也有点沉重。每一段婚姻都有其各自的编码。幸福的婚姻都是相似的，不幸的婚姻各有各的不幸。

所以，我们还是让纪梵希与赫本、金岳霖与林徽因永远定格在他们伟大的爱情中吧！

Q&A

秦　畅：您的一生，经历了两段爱情与婚姻，时至今日，您还相信爱情吗？

潘肖珏：相信爱情。我在读大学时，就被外国文学中英国诗坛最负盛名的十四行诗，白朗宁夫妇的爱情故事深深打动。从那时开始，就坚信爱情的力量。

秦　畅：这是一个真实的爱情传奇故事，非常感人。

潘肖珏：我俩再回味一遍。他们相遇的那一年，女主角伊丽莎白·巴雷特39岁，男主角罗伯特33岁。他们彼此相爱于诗坛，频繁地书信交往。两年时光，574封信件见证了两颗诗意的灵魂。在相识相知的过程中，罗伯特郑重地向伊丽莎白求婚，可她却坚决地拒绝了。

秦　畅：因为伊丽莎白是一位瘫痪卧床的病人。

潘肖珏：是的，她15岁那年，坠马损伤了脊椎，从此再无法行走。24载的青春光阴都被禁锢在床上。她不敢相信这个比自己小6岁的男人，会真正爱上一个身有残疾又青春不在的女人。可她的拒绝并没有让对方动摇。罗伯特发誓此生不再让伊丽莎白孤独。于是，他依然每天给她写信，每天将花园里最美的玫瑰花送给她。他抱起她，下楼去看大自然的美景，感受四季的风吹。执着和深情终于让伊丽莎白感动了，她不再畏惧世俗和家人的反对。这对勇敢的恋人终于携手一起跨越英吉利海峡，到达意大利，开始了他们新的生活。

秦　畅：这份灵魂相知的爱情，使白朗宁夫人宛如新生，重新焕发了生命。他们不仅拥有了属于自己的孩子，更令人意想不到的是卧床 24 载的她，竟然又能正常行走了。

潘肖珏：是啊，这难道不是爱情的力量吗？他们幸福地生活在一起，相依相伴 15 年。一天都没有分开过。最后，白朗宁夫人是躺在丈夫的怀抱中去世的，在人间书写了一个爱的奇迹。

有一位父母离异，一直跟着母亲长大的 20 岁女孩，最近长她 5 岁的亲姐姐，结婚才 1 年，就离婚了。女孩目睹了两代人的婚姻失败，开始恐惧婚姻了。有一天她问我："女人可以一辈子不结婚吗？"

我坚定地回答："可以啊。"但我让女孩必须考虑一个问题：等你年老的时候，你看到别人家饭菜飘香、儿孙绕膝、其乐融融，而你"独酌无相亲"时，你还能有"举杯望明月，对影成三人"的潇洒，那就可以一辈子不结婚。确实，不是所有人都适合结婚的。

诚然，作为女人，似乎总要结一次婚的。既然来到人世间，那么做人的程序，总应该过一遍吧。

眼下高智慧的女孩们处理婚姻，很有章法。提出了考量婚姻的三个价值：物质价值、情感价值和成长价值。

这些女孩们对物质价值的考量，不是唯一的。她们经济上很独立，有房有车有存款，想过什么样的生活都可以。在婚姻中合伙过日子，她们主张经济上"尘归尘，土归土"。那她为什么非要结婚呢？毕竟，人还是需要感情滋养的。

心理学的研究数据表明，一个人 80% 的幸福感源于人际关系，尤其是两性的亲密关系。所以，她们对亲密关系中发生的任何一种冲突，都不会去争"对"与"错"。因为在这个世界上，认识事物的角度和维度不可能是完全同频的，所以，发生冲突只是认知不同而已。如果这样的"和而不同"并不影响双方的情感，换言之，还有情感价值存在，那她还会继续留在这段关系里。

关于"成长价值"。我曾经在女性成长课堂上问过女孩们，如果在一段关系中，你可能没有那么多的物质价值，情感价值只是尚可，你愿不愿意跟能引领你成长的人一起生活？回答居然是如此的异口同声：愿意。

所以，现在的这些女孩在考量婚姻时，物质价值、情感价值与成长价值中，成长价值权重最高。

奥黛丽·赫本说："我喜欢三种人，一种比我优秀的人，一种使我优秀的人，还有一种是愿意与我一起优秀的人。"

高段位的女孩绝对不会被PUA，因为她们有足够的认知水平。这种心智成熟的女孩，没有什么力量能约制住她的意志。她们是觉醒之人。

觉醒的第一关是纵横学习。学习了，她们才不会向对方抛出："我和你妈同时掉水里，你先救谁？"这类脑残选择题；学习还能让她们找到辨识真伪的眼力，不会用种树思维去轻易相信所谓的"潜力股"。

觉醒的第二关是大脑开窍。知道在人生的三岔路口，应该向左，还是应该向右，不犯规。林徽因说："如果你真的喜欢上一个不可能在一起的人，那就不要纠缠他，不要伤害他，而把他当作知己，倾诉心事，缓解情绪，唯独不要说爱他。一定要保持清醒，不管多么痛苦，多么思念。爱是祝福而不是霸占；爱是快乐而不是负担。"

觉醒的第三关是具备转换幸福感和快乐感的能力。这是一种优质"活法"的能力，也是现代女性最典型的心智特质。决定一个人命运的不是性格，而是心智。她们清醒地认识到：自己所有努力创造的物质，其实都仅仅是一种素材。比如大房子是素材，豪车是素材，有钱是素材。只有把这些素材转换成一种感觉——幸福感时，人，才是快乐的；生活，才是有意义的；婚姻，才是有价值的。而低段位的女孩们恰恰相反，她们也许创造素材的能力爆棚，但转换幸福感和快乐感的能力却是塌陷的。

觉醒的第四关是寻找归属感。这个归属感不是依附，而是能把"心"放这里的感觉。中国的离婚率非常高，86% 的离婚都是女人提出来的。为什么？因为男人提供不了归属感。现在的男人心智不成熟，hold 不住对方。一个女孩子真想嫁人了，她找这个男人不只是他的长相和经济，重要的是归属感，一个能避风挡雨的港湾。大部分婚姻的破裂都是来自索取。如果这种病态的思维模型一开始就出现在这段关系里了，那还能走多远呢？

之所以，我那么强调女孩在爱情与婚姻的问题上必须有足够的认知，是因为眼下有的女孩有自己 PUA 自己的倾向。一位 38 岁还单着的公司白领前来向我咨询：

"潘老师，女性的价值，难道只有婚姻吗？"

"你有这个疑问，其前提何来？"我希望她能直截了当地抛出问题。

"比如说一个男人事业成功，然后他不选择婚姻，单身一辈子，别人说他好潇洒，有个性。可如果一个女人事业成功，同时也不选择婚姻，旁人却说她的幸福是装的，有钱又怎么样，连个男人都找不到。是不是现在的男人不喜欢我们这些所谓的'女性主义者'？"

我终于明白了，那位女孩的认知在哪儿出错了。

首先，真正的女性主义不是"女权主义"，而是女性和男性必须拥有一样的选择权，并主张女性的经济独立、思想独立、人格独立。在农业文明和工业文明时代，女性是被称为第二性的，是从属的、依附的地位，女性的价值是被男性所定义的。然而，走入信息化时代，走入移动互联网时代，我们女性在职场是与男性并肩作战的，由于女性天然的敏感的第六感应，对浩如烟海的信息，有着强于男性的捕捉能力，男女同台竞争，已成壮观。

其次，在婚姻关系上，女性和男性也拥有同等的选择权，女性同样可以选择结婚，也可以选择不结婚，还可以选择结婚后丁克。女性的价值，再也不会以是否"结婚"为判断标准了。

"潘老师，这点您说得对，我们公司里女生确实不比男生差，一派阴盛阳衰。"女孩虽然基本同意我的理性分析，但我明白，她的心结还未全部解开。

其实，她真正的心结，不在于女性价值的评判，而在于现在的男人在择偶时如何看待优质女孩。也许，那女孩有过感情上的沧桑。这不，与我一样吗？

我把自己所悟出的"道"，与她分享——

一个智慧的女人身上会带点野性的生命力，是很吸引男人的。什么是"带点野性的生命力"？就是你有点不安于现状的小叛逆，敢于超越一点点边界，但又懂得分寸，收放自如，还不失女性的优雅和时尚，能活出一个阳光的自我。这是 21 世纪的女人味。

在处理伴侣关系时没有"改变男人"的思维。

女孩打断我的话，说出了一个普遍存在的现实："是的，事业有成的女性，往往在处理伴侣关系时，会不自觉地去改变男人的。甚至为了早上刷牙的牙膏必须是从下面往上挤这一点，也要去拼命改变男人。"

我说，我自己年轻的时候，也犯这样的毛病，我是当老师的，教育别人成了习惯。殊不知，改变男人是反人性。当你心里萌生改变他的想法的时候，那就是他痛苦开始的时候。最终换来的是争辩、吵架，甚至冷暴力。说白了，你改变他的目的就是让你自己舒服，你舒服了，他反而就不舒服了。不要忽略男人的自尊心作祟，只有会引导男人的女人，才是最好命的。

两个人在一起如果不想那么累，要学会降低自己的预期。这个世界上根本就没有天生一对，只有合作共赢。说一个心理学的秘密，就是你跟谁相处时，紧张又自卑，那一定是你爱上了谁。反之，你和谁相处的时候最轻松、舒适，那么谁就最爱你。一段感情中，如果你过得极度舒适，那么，一定是另外一个人付出了很多很多。

成功男人其实希望有旗鼓相当的妻子，也希望另一半给他力量的支撑。只有不自信的男人，才希望拥有女生的依附与从属。真正成熟的男人，渴望的伴侣关系是相互奔赴、相互支撑、共同成长、比翼双飞的，像杨绛与钱锺书。

女人最渴望的是婚姻，最惧怕的也是婚姻。其间的矛盾并非仅一个"情"字便能道尽的。婚姻给予人的欣慰经过了双方 n 次的调适、磨合，过程是"痛"的。什么时候明白了这一点，女人的心才能得以舒展。

我和那女孩的交流结束了。她是否认同，这已经不重要了。

Q&A

秦　畅：我在书中读到您反思自己做女人的那些事，您的真诚比您战胜疾病的故事更打动我。当您亲自揭开既往岁月那一个个疮疤时，我能体会到，您已经可以笑对过去。所以，在读这些章节时，并不觉得您是在梳理女人远离疾病的良方秘录，更像是倾听您与自己的一次心灵对话。

潘肖珏：我认为女人要读懂自己，首先要站在角色的对面审视自己、对话自己。比如，你是老师，那就站在你学生的位子读自己；你是妻子，那就站在你丈夫的位子读自己；你是媳妇，那就站在你婆婆的位子读自己……其实这就是换位审视。

我们容易固执己见，容易太"自我"。所以，只有跳出自己读自己，跳到对方的角度看自己，才能在镜子中发现"本我"原来是这样的，于是明白接下来该如何修炼自己。能这样读自己的女人是智慧的，她会拥有她应该拥有的一切。

后　记

两年前的一天，复旦大学出版社的原总编辑孙晶博士约我在上岛咖啡聊天，她原本是带着两位复旦老师来咨询我，如何用食疗来调理身体的。席间，孙博士突发奇想，说："潘老师把这些食谱写出来出版吧，书名就叫'做自己的健康责任人'。"没想到，这书名和今天的健康理念何其一致。真心佩服孙晶博士敏锐的职业意识。从此，她成了我这本书的策划人。

在我著作"等腰"的生涯中，有两位中国出版界的大V出任过我两本著作的策划人，作为作者，我何其幸运！

2012年的冬天，新生代作家郭敬明的伯乐、出版人安波舜老师，几经周折，从北京专程到上海崇明找我，硬是说服我写作纪实性文学《冰河起舞——绝境中把握生命之门》。

从《冰河起舞——绝境中把握生命之门》到《寻找自己——每个人都可以是"奇迹"》，整整十年。从述说自己因病探道的经历，到逐渐明白健康问题不能"零件思维"，必须是身、心、灵全方位的"系统思维"，我的健康理念与干预手段进化到了3.0版。

一位哲人说，生命的本身没有任何价值，它的价值在于如何使用好生命。

《寻找自己——每个人都可以是"奇迹"》的价值就在于如何使自己的生命更有价值。

从 2005 年开始的三年中，我遭遇连环大病——乳腺癌、股骨头坏死与冠心病，迷茫中寻找自己：

一副"烂牌"，如何倒着打？

如何把"会死的病"，扭转成"会好的病"？

如何制定求医攻略？

如何"神农尝百草"地探究食疗并开发"自己的食谱"？

如何遇见未知的自己？

如何与"男人"这个生物物种相处？

如何调适"亲密天敌"的婆媳关系？

恋爱路上如何才能不被 PUA？

——所有的问号，只有寻找自己。

寻找自己是反求诸己。

寻找自己是突破自我设限。

寻找自己是发现生命的底层逻辑。

寻找自己是刷新对健康责任人的认知。

这就是本书的意义。

潘肯珏

2023 年 3 月 10 日于上海寓所

图书在版编目(CIP)数据

寻找自己:每个人都可以是"奇迹"/潘肖珏著.
—上海:学林出版社,2023
ISBN 978 - 7 - 5486 - 1950 - 5

Ⅰ.①寻… Ⅱ.①潘… Ⅲ.①潘肖珏-自传 Ⅳ.
①K828.5

中国国家版本馆 CIP 数据核字(2023)第 138939 号

策　　划　孙　晶
责任编辑　许苏宜　王　慧
特约审读　刘诗发
装帧设计　今亮后声·任晓宇

寻找自己
——每个人都可以是"奇迹"
潘肖珏　著

出　　版　学林出版社
　　　　　(201101　上海市闵行区号景路 159 弄 C 座)
发　　行　上海人民出版社发行中心
　　　　　(201101　上海市闵行区号景路 159 弄 C 座)
印　　刷　上海商务联西印刷有限公司
开　　本　720×1000　1/16
印　　张　15
字　　数　20 万
版　　次　2023 年 8 月第 1 版
印　　次　2024 年 3 月第 2 次印刷
ISBN 978 - 7 - 5486 - 1950 - 5/K·233
定　　价　68.00 元

(如发生印刷、装订质量问题,读者可向工厂调换)